温 故 而 知 新

鷓鴣文庫

魏秀梅 著

陶澍在江南

浙江古籍出版社

图书在版编目（CIP）数据

陶澍在江南 / 魏秀梅著. --杭州：浙江古籍出版社，2025.2
（文化中国研究丛书）
ISBN 978-7-5540-1862-0

Ⅰ.①陶… Ⅱ.①魏… Ⅲ.①陶澍（1779－1839）—人物研究 Ⅳ.①K827＝49

中国版本图书馆 CIP 数据核字（2020）第 233479 号

文化中国研究丛书

陶澍在江南

魏秀梅 著

出版发行	浙江古籍出版社
	（杭州市环城北路 177 号　邮编：310006）
网　　址	https://zjgj.zjcbcm.com
责任编辑	刘　蔚
文字编辑	王振中
封面设计	吴思璐
责任校对	吴颖胤
责任印务	楼浩凯
照　　排	浙江大千时代文化传媒有限公司
印　　刷	浙江全能工艺美术印刷有限公司
开　　本	880mm×1230mm　1/32
印　　张	7.125
字　　数	172 千
版　　次	2025 年 2 月第 1 版
印　　次	2025 年 2 月第 1 次印刷
书　　号	ISBN 978-7-5540-1862-0
定　　价	50.00 元

如发现印装质量问题，影响阅读，请与市场营销部联系调换。

雲衿先生三十歲小像

家族世系表

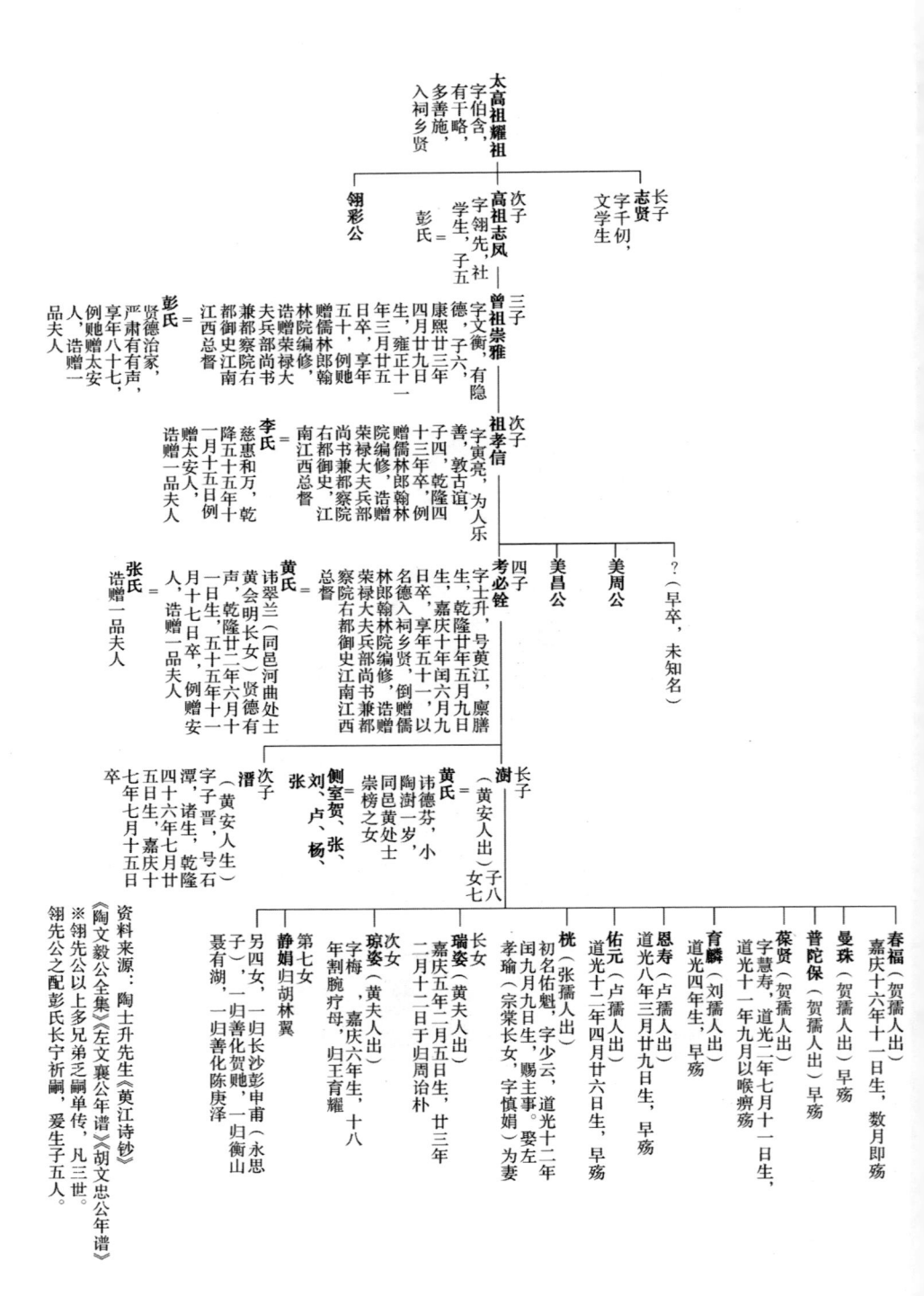

太高祖耀祖：字伯含，有干略，多善施，入祠乡贤

子辈

- **长子 志贤**：字千仞，文学生
- **次子 志凤**：字翎先，社学生，子五
  - **彭氏**=志凤
- **三子 翎彩公**

曾祖崇雅（志凤之子）
字文衡，有隐德，子六，例赠儒林郎翰林院编修兼赠荣禄大夫兵部尚书都察院右都御史江南江西总督。康熙廿六年四月廿九日生，雍正十一年五月卒，享年四十七。

彭氏=崇雅：贤德治家，严肃有声，享年八十七，例赠一品夫人，诰赠太安人

祖孝信（崇雅次子）
字寅亮，为人乐善，敦古谊，子四，乾隆四十三年卒，例赠儒林郎翰林院编修，诰赠荣禄大夫兵部尚书兼都察院右都御史，江南江西总督

李氏=孝信：慈惠和万，乾降五十五年十一月十五日例赠太安人，诰赠一品夫人

考必铨（孝信四子）
字士升，号黄江，廪膳生，乾隆廿年五月九日生，嘉庆十年闰六月九日卒，享年五十一，以名德入祠乡贤，例赠儒林郎翰林院编修，诰赠荣禄大夫兵部尚书兼都察院右都御史江南江西总督

- **长子 美周公**：?（早卒，未知名）
- **次子 美昌公**
- 祖孝信次子

黄氏=必铨：讳翠兰（同邑河曲处士黄会明长女）贤德有声，乾隆廿二年六月十一日生，乾隆五十五年十一月十七日卒，例赠安人，诰赠一品夫人

张氏=必铨：诰赠一品夫人

必铨之子

长子 澍（黄安人出）子八、女七
- **黄氏**=澍：讳德芬，小名德入，同邑黄处士崇榜之女
- **侧室贺、张、刘、卢、杨**
- **张、刘、贺**

次子 澛：字子晋，号石潭，诸生，乾隆四十六年七月廿五日生，嘉庆十年七月十五日卒

澍之子女

- **长女 瑞姿**（黄夫人出）：嘉庆五年二月五日生，廿三年二月十二日于归周诒朴
- **次女 琼姿**（黄夫人出）：字梅，嘉庆六年生，十八年割腕疗母，归王育耀
- **第七女 静娟**：归胡林翼
- **另四女**：一归长沙彭申甫（永思子）一归善化贺㢸，一归衡山聂有湖，一归善化陈庚泽
- **长女 桃**（张孺人出）：初名佑魁，字少云，道光十二年闰九月九日生，赐主事。娶孝瑜（宗棠长女，字慎娟）为妻
- **佑元**（卢孺人出）：道光十二年四月廿六日生，早殇
- **恩寿**（卢孺人出）：道光八年三月廿九日生，早殇
- **育麟**（刘孺人出）：道光四年生，早殇
- **葆贤**（贺孺人出）：字慧寿，道光二年七月十一日生，道光十一年九月以喉痹殇
- **普陀保**（贺孺人出）：早殇
- **曼珠**（贺孺人出）：早殇
- **春福**（贺孺人出）：嘉庆十六年十一日生，数月即殇

资料来源：陶士升先生《黄江诗钞》《陶文毅公全集》《左文襄公年谱》《胡文忠公年谱》

※翎先公以上多兄乏嗣单传，凡三世。翎先公之配彭氏长宁祈嗣，爱生子五人。

序

　　魏秀梅女士这一部书,研究鸦片战争前十几年中,清朝封疆大吏中一个杰出人物。这部书以一个卓越的经世人物为主题,着重事功的分析。全书旁及制度史和行政史,为中国近代化问题提供极重要的背景,贡献甚大。

　　陶澍任江南封疆大吏的十几年中,是中国近代史上极关键的时代。他于1823年任安徽巡抚,1825年调任江苏巡抚,1830年起任两江总督,至1839年春因病开缺止,旋逝世。这是鸦片战争前的十七八年,也就是太平天国占领金陵前的三十年。这三十年间,清廷对外在、内在的严重问题,显然并没有解决。但是江南为北京财赋与米粮的主要来源,清政府幸能起用贤能的陶澍为大吏;在其逝世前,两江困境,得稍解纾。陶氏在明辨义利的大原则下,施行有益国计民生的新政,如漕粮海运、淮北票盐法,在当时都是创举。其他设施如疏浚苏、皖河道,修建书院,亦见成效。

　　陶澍和林则徐两人是道光朝群吏阘茸中的两个最杰出的人物。林则徐的历史意义在于认真查缴鸦片,不屈不挠,促成不可避免的中英战争;并在广州期间看出"夷务不可歇手"和制炮造船的重要。陶澍的重要性则在于主持财政、经济方面的改革,对于江南的漕、盐、河三大政尤其有切实的贡献。内政和外交同样重要，甚至可以说内政比外交更重要。陶澍与林则徐两人在历史上地位的高下是很难判分的。

魏女士对清代内政的弊病，绝不讳言。本书第二章对漕、盐、河三大政的积弊，以及地方财政亏空，吏治废弛，民变与天灾并起，赈务又无实效等情形，都根据史料，具体叙述。魏女士看出中国传统理财、行政的病根是州县政府无固定经费，开支就地自筹，漫无限制。县以下且无正常行政机构，事务由胥吏、衙役、乡保、以及委员、绅董、牙行等处理，给许多人贪污的机会。田赋浮收是普遍的现象。就盐政而言，不但官员，而且政府特许的运商也倚官作弊。结果成本增加，官盐无法与廉价的私盐竞争，使国家的盐课亏损。在这种环境中，社会中下层钻营的人，如史料上常看到的"劣胥"、"蠹役"、"不法生监"、"讼棍"、"刁保"、"私枭"、"恶霸"，可以肆意活动。社会的劣化与民生的困苦引致规模或大或小的民变。清廷素崇儒家思想，但是上述的情形岂不是儒家仁政的一幅讽刺画吗？

但是就是在清代财政与吏治窘态毕露的时代，却有不少有抱负的学者对儒家经世思想，有所阐发。又有少数封疆大吏在经世事功上有卓越的表现。魏女士这一部书的一个重要贡献在于证实道光初年经世思想与经世事功并行的发展。魏源佐贺长龄纂辑《皇朝经世文编》，便是在陶氏为苏抚、贺氏为布政使的期间之内。当时漕粮海运已经试行了；皖、苏二省的水利计画，也已在进行或议办中。《皇朝经世文编》叙文里说的"善言心者必有验于事，……善言人者必有资于法"，在陶澍在江南的时代，已从原则变成事实——至少一部分变成事实。陶澍的新猷能够得到清廷的许可，是不容易的。例如，淮北票盐法，反对者甚多，幸赖当时年事已高的军机大臣曹振镛大力支持，始获旨准。但陶氏虽有枢臣的庇助，而其本人为民除弊的思想、周咨博询的器量、精细的计画和弘毅的精神，毕竟是他成功的主要因素。

魏女士认为陶澍的示范，使《皇朝经世文编》所揭橥的精神与原则，成为一时的风气。这是一个重要的论断。左宗棠与陶澍为儿女亲家，胡林翼是陶澍的女婿。他们不但熟习经世之学，而且也受陶氏施政作风的薰染。曾国藩与陶澍学养与遭遇皆不相同。曾氏为清廷与太平天国作战的统帅，多年的事功以军事为主。但是曾氏任两江总督期间，对于财政、吏治、士习、民风的设施，却大体不出陶澍旧政的规模。曾氏接受李鸿章、冯桂芬的建议，趁着苏州仍在太平天国手中时，奏请苏、松等属减轻赋额，较陶澍之仅请豁免民欠钱粮者，进了一步。惟曾氏处理盐政则尽量恢复陶澍旧制。太平天国平定之年他上奏说："查淮北盐务，自从前督臣陶澍改行票盐，意美法良，商民称便。果能率由旧章，行之百年不敝。"但因为战事的扰乱，运道和销数都只好再调整。曾国藩设两江采访忠义局，修建书院。他重礼教、旌节孝、正风俗等政策，其实陶澍皆已先行之。曾氏办事倚重幕府专家，注重实效，亦与陶氏所为合辙。

论中国近代史，必须从曾国藩讲到李鸿章。李氏的新贡献自以所谓"洋务"为主。但是他创办轮船招商局，也和漕粮海运有关系，即以轮船代替沙船运粮。我们研究有关漕粮海运的问题，必须回溯到道光初年陶澍的功绩。同治朝的《江苏海运全案》就刊有轮船招商局的文件，视之为漕粮海运的新契机。陶澍之主张渐弃运河小船，而用上海等地常驶关东的帆船运漕粮，这是传统技术的新利用。陶氏主张宽给船商水脚，而在办票盐时则不顾专利盐商的反对，任二千人以上的小本商人运盐、贩盐，政府只收盐票薄税，这是官督经济开放的先声。这种为争取效验而立新法的精神可以说是已接近注重理智的现代化精神。能用沙船运粮，又为什么不能用轮船运粮呢？能破除盐商的专利，又为什么不能多提倡各种工商业呢？

本书第四章讨论陶澍的吏治政策，牵涉到中国现代化最关键的问题。陶澍虽然注重"立法"，但是他也要寻觅可以行法的适当人才。清代行政制度久已定型，陶澍无法独力改革。但是他在苏抚、江督任内，曾尽量在当时法规许可的范围内，选拔称职的人才——如利用"调缺"的成例，于熟悉本省情形且已有表现的官员中，选补要缺；必要时且奏改若干官缺为"题缺"，于有资格的候补人员中，由督抚遴选奏荐。此外，陶澍并尽量裁汰冗员，调整巡检等基层地方官吏常驻之地，以助防军安靖地方。陶澍的人事政策，虽然局限甚多，但毕竟是以"人尽其才"为目的，具有现代化的理性精神。后来左、胡、曾、李诸人，也都利用调缺、题缺等成例，选拔办事人员。咸、同两朝财政与军事配合的设施，及嗣后的自强运动，也都靠经过调整的缺额，再加上一些新设局厂的职位，来罗致能员。虽然这种种特别安排还不能算是制度改革，但在无可奈何中，仍是较为合理的办法，对中国早期现代化是有贡献的。

本书搜集有关陶澍的材料（包括函稿及档案资料）极为丰富，史事分析，至为明确；极复杂的制度与方案，皆凭原始资料，有扼要的具体说明。全书论断至为允洽。我希望凡研究现代化历史的学者，都一读此书。许多有关中国现代化的问题，我想都要以本书提供的事实为基础，才能进一步综合讨论。

刘广京　谨序

1985年10月1日，时客夏威夷大学

自 序

陶澍是有清少数封疆大吏在经世事功上有卓越表现者之一，也是一个传统知识分子在君主专制政体下，获得政治上最高成就的典型。笔者以陶澍在江南任官时期的政绩为研究范围，这是他施展其才华贡献国家最重要的时期。陶澍一生，从时间上说，是中国数千年来遭逢"世变"的前夕，是中国近代史上极具关键的时代；从空间上说，两江是近代中国文化及经济的中枢地区，笔者希望探讨陶澍在两江面临哪些问题，如何予以解决，以及这些政绩对后来历史产生哪些影响。

全书共分五章，第一章为绪言及陶澍略传；第二章为疲敝的江南，叙述陶澍未到任的江南情况；第三章为积弊的祛除，这是陶氏消极的工作；第四章为励精图治，叙述陶氏积极的成就；第五章为结论，略述鄙见。在撰写过程中，承蒙陆宝千先生多方指导，启发鼓励，得益最多。初稿完成后，又承吕实强先生、沈云龙先生等赐予核阅，润饰文字，衷心感激，谨此并致谢忱。

我尤当感谢刘广京先生，承其在百忙中，数度披阅草稿，指正补充，裨益良多；又惠赐序文，使本书增光。

再，王树槐先生和陈存恭先生都曾提供我许多宝贵的意见。许雪姬小姐曾为本书校读两遍，改正若干错误。谨并志谢。

作者学识浅陋，舛误之处，在所难免，尚祈先进学者不吝赐教。

魏秀梅

1985 年 11 月

目　录

陶澍像

陶澍家谱

序 …………………………………………………… 刘广京 1

自序 ……………………………………………………………… 1

第一章　绪言及陶澍略传 …………………………………… 1

　（一）绪言 ……………………………………………………… 1

　（二）陶澍略传 ………………………………………………… 2

第二章　疲敝的江南 ………………………………………… 12

　第一节　亏空与漕弊 ………………………………………… 12

　第二节　河工积弊 …………………………………………… 20

　第三节　盐政败坏 …………………………………………… 29

　第四节　吏治废弛 …………………………………………… 35

　第五节　治安不良 …………………………………………… 42

　第六节　天灾频仍 …………………………………………… 46

第三章　积弊的祛除 ………………………………………… 57

　第一节　财政之整理 ………………………………………… 57

　第二节　漕务之整顿 ………………………………………… 71

第三节　盐务之整顿 …………………………………… 95
　　第四节　河工之协办 …………………………………… 121
第四章　励精图治 …………………………………………… 125
　　第一节　绥靖地方 …………………………………… 125
　　第二节　赈济灾荒 …………………………………… 136
　　第三节　兴修水利及沙洲之处理 …………………… 147
　　第四节　地方营建 …………………………………… 158
　　第五节　文教措施 …………………………………… 166
　　第六节　对外交涉及经济 …………………………… 177
　　第七节　对朝廷大政的意见 ………………………… 180
第五章　结论 ………………………………………………… 193
附录　（一）海运诗篇 …………………………………… 201
　　　（二）淮北三联大票票根式 …………………………… 205
征引书目 ……………………………………………………… 206
索　引 ………………………………………………………… 212

第一章　绪言及陶澍略传

（一）绪　言

我国传统政治制度是君主专政制,其最高理想在使圣君贤相当道,抚绥黎民,施行"仁政"。然而数千年来"治世"时期短,而"乱世"时期长,即在治世,也是圣君罕见,贤相不多。就清代而论,康、雍、乾三朝号称治世,然君相二者,去儒家之理想甚远。延至清末,吏治隳坏,形成内政上严重的问题。笔者统计清季地方大吏因故被降调革职者比例甚高,[①]其中虽难免有蒙受冤屈者,但另一方面,贪赃枉法而未被举发或虽经检举而未受处分者,其数恐亦不少。至于昏庸无能、因循敷衍者更比比皆是。不过,清代官僚乃沿袭明代开科取士之途而来,擢任显职者多为循科举正途出身,他们所受的教育以"尊经崇圣"为中心,故仍能培养出若干有理想、热诚,有为有守之士,这些人怀"上致其君、下泽其民"的大愿,一旦得位,即兢兢业业,施展其抱

---

① 参看拙作《从量的观察探讨清季布政使的人事嬗递现象》(本所集刊,期二,1971年,页五二六)、《从量的观察探讨清季按察使的人事嬗递现象》(本所集刊,期三(下),1972年,页四八八)、《从量的观察探讨清季督抚的人事嬗递》(本所集刊,期四(上),1973年,页二八三～二八五)。

负,他们对民间疾苦,备极关怀,对官场积弊,力求革易,并能从社会着眼,兴利除弊。因而他们对清季政治的稳定,也发生正面的作用。吾人固然要探讨儒术政治被扭曲后的缺憾,也应发掘传统政治正常运作的优点,方能获得较为完整的概念。陶澍是从未建立任何军功而终身享有盛誉的名臣,从他的政治理想与抱负,以及实际施政的过程,应该可以看出一些传统政治正常运作的得失。这便是作者研究陶澍的重要动机。

陶澍以一介书生,由科举而逐步青云,得君宠信,封圻两江,管辖全国经济最富庶,人文最发达,但亦事务最繁重的一个区域。他却能"通经致用",稳定的除弊兴利,不但解决了该地区若干久被困扰的问题,而且也完成了不少有裨该地区人民生活的具体措施。而他解决问题的方式与在政治上所表现的风范又间接影响了继起的才俊,如咸同中兴的名臣——曾国藩、胡林翼、左宗棠等。陶澍的毕生政治生涯,可以代表中国传统知识分子——士大夫为兼善天下而勤政爱民的一面。可能是由于有关他的资料,刊布不多,所以迄今并无人作过仔细深入的研究。作者幸在台北故宫博物院所藏档案中,陆续发现大量有关陶氏的资料,乃决定从事这一项工作。又因为陶澍一生服官最久,成就最显著者是在江南任官的这一段时期,所以我选定"陶澍在江南"为研究主题。

(二)陶澍略传

清季张佩纶是一位才气纵横、目无余子的谏官,被称为四大名御史之一。以这样的一个人,批评道光以降的人物,认为"以天下为己任,包罗万象,则胡、曾、左直凑单微,而陶实黄河之昆仑,大江之岷也。今左恪靖虽大功告成,而论才太刻,相度未宏,绝无传衍衣钵者"①。这个被张氏视为昆仑和岷山的"陶",便是在本书中所要讨论的陶澍。他何以能为人所倾倒而推崇?我们先来明了他的生平。

陶澍字子霖,号云汀,湖南安化人,生于清乾隆四十三年十一月三十日,卒于道光十九年六月二日(1779~1839)。②

陶澍的先世,在中国旧社会中,堪称为"积善之家"。其太高祖伯含,当明季乱世,乡里盗匪甚炽,有窃匪某为人所缚,将要沉之于水,他请求释放此人,并且送一小舟给他,使其求生,重新做人。伯含每次出门,常携带一小竹筐,用来检存路上的碎瓷瓦砾,以利行人,到他逝世那一年,家内空屋中所积的碎瓷瓦砾竟高与屋齐了。③

陶澍的曾祖文衡,也是一位忠厚长者,某一个大雪之夜,有人到他家中偷米,他随着窃贼的足迹追踪,最后抵达其家,原来竟是素所熟悉的人,于是便悄悄地返家,终其身不曾说出此人的姓名。文衡死后三十余年,他的夫人偶然把这一件事情举出来训示自己的子孙,才为人所知,但文衡的夫人仍然隐瞒了窃米者的姓名。④ 文衡的夫人姓彭,有邻居某人因为遇到火灾,焚毁了全部财产,彭太夫人便把仓中所贮粮食全部赠予受灾者。⑤ 由此二事,也可见其贤德了。

陶澍的祖父名寅亮,生性淡泊,不事生产,所以家道中落,但虽贫困,仍然取与不苟,一天偶然散步江滨,捡到别人遗失的银两,便在该

---

① 《涧于日记》,张佩纶著,丰润涧于州堂张氏石影,己卯下,页三一~三二。
② 《陶文毅公全集》,陶澍著,许乔林编,1968年文海影印,卷末,页四~二二。
③ 同前书,卷四十七,页一;《北东园笔录四编》,梁恭辰著,1962年,台北新兴书局影印笔记小说大观本,卷一,页五。
④ 同前书,卷四十七,页二;《陶士升先生蒉江文录》,一卷,陶必铨撰,在《国朝文录》(李祖陶辑,道光十九年瑞州府凤仪书院刊本)第二十八册,页一八。
⑤ 《陶文毅公年谱》,王焕镳撰,民国三十七年油印本。

处等待一整天,终于归还原主,并且婉拒报酬。①

陶澍的父亲名必铨,字士升,号萸江,是一位廪膳生,但也不善治生,曾因家贫而拾薪撷茗自给。② 他侍母至孝,当母亲病重时,曾尝粪以验甘苦。③ 又甚多义行,如乾隆四十四年(1779),安化遇到大饥荒,路旁到处有饿毙者,他倡议募捐,一一予以置棺敛葬。④ 又如县中有一个吴姓女子,未婚殉节,他有心要为其表扬,未能如愿,病重时和人谈及这件事,犹为之流涕。后来终于由陶澍托地方长官汇题旌表,完成了他的遗志。⑤

陶澍生长在一个如此注重德行的家庭之中,自幼薰陶,自然会影响他的个性。有一件事可以作为例证。他少时曾聘一黄姓女子为室,但黄女嫌陶家贫穷,另一吴姓富翁听说黄女有姿色,想为其子娶黄女作为继室,以厚利说服了黄女的父亲,用家中婢女代替亲女出嫁,陶澍竟坦然接受。后来吴家家道中衰,而陶澍贵显,听说黄女生活窘迫,便赠以五十金,黄女死后,陶澍依然每年周恤其家。⑥ 不念旧恶,不忘故人,正是陶氏家风所薰陶。

陶澍的父亲不但品性敦厚,而且学问很好,岳麓书院山长罗典、城南书院山长余廷灿都十分器重他,⑦因为不忍远离母亲,所以不参加乡试,以馆徒为生。⑧ 陶澍从小便随父读书,乾隆六十年

---

① 《陶文毅公全集》,卷四十七,页四。
② 同前书,卷四十七,页四~一四。
③ 《湖南通志》,曾国荃等撰,1967年华文影印,卷一百八十二,页三二。
④ 《小岘山人文集》,秦瀛著,嘉庆二十二年域西草堂藏校刊本,卷五,页五四;《碑传集》,钱仪吉撰,光绪十九年江苏书局刊行,卷末上,页二。
⑤ 《陶文毅公全集》,卷三十四,页三二。
⑥ 《北东园笔录初编》,卷六,页一〇~一一。
⑦ 《陶文毅公全集》,卷四十七,页六。
⑧ 同前注。

(1795),进县学为秀才。① 但仍然随父读书。嘉庆五年(1800),陶澍中了举人,主考官为陆以庄,②这是陶家自明季以来第一位出头的读书人,他的父亲有诗道:"钟鼓谯楼急响停,辕门灯火散繁星。仓皇旅邸泥金字,展转街头卖佛经。十载萤窗酬翰墨,一时鸿渐向朝廷。须看千古登科记,几个勋名焕汗青"。③ 七年(1802)陶澍会试获捷,成了进士,④这是清代安化县第一位进士,⑤一邑之人都引以为荣。会试的主考官为礼部尚书纪昀、都察院左都御史熊枚、内阁学士戴均元。⑥ 同榜进士其后在政坛上著名的有卓秉恬(后为武英殿大学士)、李宗昉、龚守正(后为礼部尚书)、朱士彦(后为吏部尚书)、吴椿(后为户部尚书)、梁章钜、邱树棠、申启贤(后为巡抚)、王青莲(后为布政使)、吴廷琛、程赞清、李文耕、夏修恕(后为按察使)、顾莼、胡开益、程寿龄、葛方晋(后为学政)、惠端(后为侍郎)、果齐斯欢(后为将军)等。⑦

陶澍中式进士后,接着参加殿试,名列二甲,引见改庶吉士,⑧嘉庆十年(1805)散馆,授职编修,⑨至是他正式进入仕途,时方二十八岁。

---

① 《陶文毅公全集》,卷四十七,页八;《陶文毅公年谱》。
② 《清秘述闻续》,法式善编,钱惟福校,1967年文海影印,卷一,页二。
③ 《陶文毅公年谱》。
④ 《国朝先正事略》,李元度著,1967年文海影印,卷二十四,页一四;《清国史馆传稿》六七四九号(故宫博物院藏);《湖南通志》,卷一百三十六,页一三。
⑤ 《湖南通志》,卷一百三十六,页一~一三。
⑥ 《清秘述闻续》,卷一,页八。
⑦ 《增校清朝进士题名碑录》,房兆楹、杜联喆合编,1966年成文影印,页一三四~一三六。
⑧ 《清仁宗实录》(三),1964年华文书局影印,卷九十八,页三。
⑨ 《国朝耆献类征初编》,李桓编,光绪十七年刊行,卷二百一,页一。

陶澍之授编修，是在嘉庆十年四月，到闰六月，他父亲去世，①便回籍守制，三年以后服阕，奉命任国史馆编修。嘉庆十九年(1814)三月，补江南道监察御史。次年三月改陕西道监察御史。四月迁户科给事中。二十一年(1816)八月，转吏科给事中。二十四年闰四月二十五日(1819.6.17)，授四川川东兵备道，②结束了十四年的京官生活，开始外任地方官，有了从事实际政务、发展长才的机会，这年，他四十二岁。

在十四年的京官生活中，他有好几次出差的机会，如嘉庆十五年(1810)五月，充四川乡试副考官；③十九年三月，充会试同考官；④十一月，奉命巡视中城；⑤二十年(1815)九月，奉命巡视江南漕务；⑥二十一年八月，充顺天乡试内监试官；⑦二十二年(1817)春，充会试内监试官；⑧二十三年秋，顺天乡试，亦奉命巡察棘墙。⑨ 当他在四川任副主考时，认为经术昌明，则人才蔚起，四川自汉以来，人文最盛，例如司马相如、扬雄及苏洵父子等尤为杰出，这些人都因为熟习经书所以才能成功。因此他取士的标准便以经为根柢，凡遇文章之支离鄙俚、不衷于经者，概不取录，力谋转移文风。结果取中了黎靖等六十名，

---

① 《陶文毅公全集》，卷四十七，页一三。
② 同前书，卷四，页三。
③ 《清仁宗实录》(五)，卷二百二十九，页一三；《清秘述闻续》，卷二，页三。
④ 《清秘述闻续》，卷十三，页一二；《陶文毅公全集》，卷四十，页一九。
⑤ 《陶文毅公年谱》；《陶文毅公全集》，卷四十，页一九。
⑥ 《清史列传》，中华书局编，1962年中华书局印行，卷三十七，页二八；陶文毅公全集，卷末，页五。
⑦ 《陶文毅公全集》，卷四十，页一九。
⑧ 《陶文毅公年谱》。
⑨ 同前注。

其中很多后来成了知名之士。①但他此行最大的成就，是登览山川，访察利病，著有《蜀輶日记》，"凡道里之远近，山川之脉络，与夫战守之宜，古今得失之所由，无不了如指掌"，②"若褒斜、陈仓、剑门、云栈，秦汉之所经营，僰道、符关、夔门、峡口，雄豪俊杰出奇制变、因势乘便之所战守，既为之审其道路，纪其要害"。而"考证江山，时出卓见，以发前人之覆"，③这是一本经世之作，所以后人称他"以天下苍生为己任，蕴蓄于空山读书之日者为已久也"。④

当他任御史和给事中时，深知职责繁剧，涉及到户部、银库、关税、漕运、仓储等，都关系着经国大计，别人为之，往往动遭物忌，⑤所以他殚心竭力，在任内多所建树。例如嘉庆十九年九月，他奏请严湖南矿禁，⑥因为沅陵大油山于两年前偶出金矿，附近民众纷纷盗采，聚众至数千人，地方官疲于缉捕，而安化、攸县、新化、邵阳等十数州县向产铁矿，为了防范矿徒滋事，所以他有此建议。同月，又因湖南山多田少，每遇荒歉，奸民往往聚众抢劫，而本年三月以后，湖南雨泽稀少，粮价上涨，所以他奏请饬查预防滋生事端。⑦十月，又奏劾吏部重签之弊。所谓重签者，乃吏部因候补人员太多，遇有官职空缺，往往粥少僧多，所以定抽签之法。嘉庆十年，吏部于原有的抽签法外，另立新规，凡抽签已毕，候补次第既定之后，又将续到人员重为设签，令其补掣，如掣到第一名，即插入初掣第一名之后，谓之重一签，掣得第

---

① 传包第三一九六号史评行述状（故宫博物院藏）。
② 《高学濂蜀輶日记书后》，转引自《陶文毅公年谱》。
③ 《蜀輶日记》（陶澍著，1969年学海出版社影印），龚序，页二。
④ 同②。
⑤ 《陶文毅公全集》，卷四十，页一三~一四。
⑥ 同前书，卷二十四，页一~二。
⑦ 同前书，卷九，页一~三。

二名,则插入初擎第二名之后,谓之重二签,以此类推。陶澍认为此举"既开滥幸之门,必启贿托之弊",是以奏请将重签名目停止。① 十一月,又以河南之南阳、汝宁、光州、陈州,安徽之庐州、凤阳、颍州、亳州等地方红胡匪徒日炽,乃陈三急五宜,请予缉捕。三急者:一、匪徒前此犹散而今则日聚,二、匪徒前此有党而今则有目,三、匪徒前此犹畏官而近则官反退缩。五宜者谓靖匪徒宜官民一心、上下一心、邻境一心、宜另置重典、宜平盐价也。② 十二月,又奏陈各省州县积弊,如勒接交代、多摊捐款、预备赏号、派办供给、压荐幕友、滥送长随、委员需索、提省羁留等,请予裁革,以清吏治。③ 嘉庆二十年正月二十九日(1815.3.9),陶澍奏请恢复考试教习旧例。④ 教习原为教育八旗子弟而设,其名额由礼部奏请钦派阅卷大臣会同监察御史共同办理考试,由各省举子报名应试。嘉庆十七年(1812)以后,改由乡会试落卷中挑选,陶澍以为此举易使书吏作弊,故请恢复旧制。

当他在给事中任内时,因为曾奉命巡视江南漕务,于嘉庆二十一年二月,奏陈镇江运河事宜,大旨是练湖宜浚治,甘露港宜挑深,闸座宜整理,积土宜起除。⑤ 他在巡漕期间,裁革各种陋规,积弊尽除,运期速而运粮多,成绩为前后十余年所未有,返京之日,江南人民竟至攀辕洒泪。⑥

以上种种,可以看出陶澍之注意民生,实心办事,这些经验,对他后来处理地方事务,有很大的帮助。也可以使我们了解何以在众多

---

① 《嘉庆朝宫中档》,第〇一七三〇四号(故宫博物院藏)。
② 《陶文毅公全集》,卷二十四,页三~八;《陶文毅公年谱》。
③ 同前书,卷五,页四~八。
④ 《嘉庆朝宫中档》,第〇一七六一号。
⑤ 《清史列传》,卷三十七,页二八。
⑥ 《陶文毅公全集》,卷四十,页一九。

京官中,他独能脱颖而出。

川东兵备道是一个繁缺,没有相当的干才是很难称职的,它的辖区有夔州府、重庆府、绥定府、忠州直隶州及酉阳直隶州;①道署设在重庆。就辖区而言,是"地广而民杂";就署治而言,是"处水陆之会,百货囤集,万民辐辏,而不逞之民得因缘为奸利"。② 就当时的政治情形而言,则该地"吏治败坏已久,纲维不整,诸事疏略,官场以用兵为利,而循良之意少,百姓惟趋利是图,而亲故之谊疏,上行下效,有自来矣"。③ 面对这样一个环境,陶澍如何应付呢?

川东兵备道并非直接亲民之官,但于刑名钱谷有按核之责,陶澍到任后,日坐堂皇视事,凡有上控至道衙的案件,莫不细心研鞫,有诉立讯,剖决如流,务求迅获结案,无枉无纵,数月之间,滞案一空。④ 巴、达等县办理赈灾,饥民聚而难散,他令先给半月粮,于是遣散立尽。⑤ 川东贩私盐者横行,沿途千百成群,当事者提议令地方驻军开铳击遏,陶澍认为对付私盐商贩,徒事查拿,势必私贩未靖,而良民先惊,远近传讹,一定会激起变乱,于是主张把官盐减价四分之一,结果人民尽食官盐,私贩遂绝。⑥ 此外,他又"禁胥役之扰累,饬行旅之宵柝",便利商人之来往。仅仅一年之间,便政声大著,川督蒋攸铦对他大为赞赏,一则说他"清廉公正",一则说"他人到一处,数月方悉情形,惟陶某一到便透澈无遗",⑦ 又说他"此总督

---

① 《闻妙香轩遗集》,胡达源著,光绪六年刊本,卷二,页一四~一六。
② 《寒香馆文钞》,贺熙龄撰,道光二十七年刊本,卷二,页一~二。
③ 《陶文毅公全集》,卷四十一,页八。
④ 同前书,卷末,页六。
⑤ 同前注。
⑥ 同前书,卷四十一,页三。
⑦ 《陶文毅公全集》,卷四十一,页八。

才也,行将大用矣"。①

宣宗即位,蒋攸铦奉召入京,奏荐陶澍"治行为四川第一,堪胜大任"。② 嘉庆二十五年(1820)十一月,宣宗便拔擢他为山西按察使。③ 陶澍离任之时,川东士民攀辕走送者,十余里不绝。④

山西居京畿之背,形势重要,当地治安之是否安靖,对直隶颇有影响。臬司为一省刑名总汇,其是否称职,又与该省治安密切有关。陶澍之被任为山西按察使,表示十余年的京官建言及一年多的地方实绩,获得了朝廷的肯定。道光元年(1821)二月,陶澍进京陛见,一共召见三次,钦交三案令其赴任审办。⑤ 陶澍不喜欢矫廉立名而误地方公事的人,到任以后,并不峻刻苛细,论治务持大体,使官民相安。不及半年,很多京控的案子,宣宗多不交巡抚而直接交陶澍办理,这是前所未有的现象,⑥由此可见宣宗对陶澍的信任。关于陶澍论政务持大体的具体措施,可以由他对教育的重视上见之,他曾对晋阳书院的士子,明白宣示:"士为四民之首,士习之淳漓,民风视为升降,今日之士子,即异日之官吏,故欲化民必先训士,而其道则在辨义利";"当其为士尚不能耐苦,又安望身处脂膏能廉于守? 当其为士尚不肯究心,又安望躬膺繁剧能勤于职? 不廉不勤则吏治坏而害归于民。然则学术之得失,所系重矣","多士其善自爱,无背义趋利"。⑦ 以学术、士习、民风为政治的根本,这是陶澍经世的基本思想。

---

① 《绿野斋前后合集》,刘鸿翱撰,道光二十四年刊本,卷六,页八六。
② 《陶文毅公全集》,卷末,页六。
③ 《清宣宗实录》(一),卷八,页一四。
④ 《国朝耆献类征初编》,卷二百一,页二五;《陶文毅公全集》,卷末,页六。
⑤ 《陶文毅公全集》,卷末,页六;《湖南通志》,卷一百八十二,页三六。
⑥ 《陶文毅公全集》,卷末,页六。
⑦ 同前书,卷五十。页八~九。

陶澍于道光元年三月到晋赴任,至八月二十七日,宣宗又调他为福建按察使,①在晋时间仅半年多,他所以匆匆奉调福建,是因为那时福建的刑名极为废弛,宣宗有意命他前往整顿。十月,他进京入觐,宣宗忽又改变初衷,而擢为安徽布政使,②这年他四十四岁。此后一帆风顺,自道光二年就任皖藩后,第二年,就升为安徽巡抚。③ 五年五月,又调江苏巡抚,④十年六月,兼署两江总督,⑤八月,实授江督,⑥这是他一生事业的顶点,十九年三月,因疾疏请开缺。⑦ 六月病甍,⑧享年六十二岁。总计他在江南十七年,在清朝国势走向下坡的时期,他居于全国人文财赋荟萃之区,政绩灿然,他的所作所为,值得后人重视,本书便以陶澍在江南这一段时期的政绩,作为研究对象。

现在我们应先对陶澍未就任安徽布政使时以前的江南,作一鸟瞰。

---

① 《陶文毅公全集》,卷四,页九~一〇。
② 同前书,卷四,页一一~一二;《清宣宗实录》(一),卷二十四,页五。
③ 《陶文毅公全集》,卷四,页一五;《清宣宗实录》(二),卷四十八,页一一。
④ 《陶文毅公全集》,卷四,页二六;《清宣宗实录》(三),卷八十二,页一七。
⑤ 《陶文毅公全集》,卷四,页四二。
⑥ 同前书,卷四,页四五;《清宣宗实录》(五),卷一百七十二,页二一。
⑦ 《清宣宗实录》(九),卷三百二十,页一四;《陶文毅公全集》,卷三十,页三。
⑧ 《陶文毅公全集》,卷末,页二三;《绿野斋前后合集》,卷六,页八九。

第二章　疲敝的江南

陶澍将赴任的安徽,当时是属于两江总督管辖的范围。两江的范围包括今日的江苏、安徽和江西,是全国的人文荟萃之区,财赋集中之地,清代的科举考试中,鼎甲人物大多出身于两江,以文学著名的桐城,以考据著名的婺源与元和,以盐业盛名的扬州,都在两江,两江是中国的精华之区,为大清帝国的命脉所系,但在陶澍履任以前,这个地区已经是十分衰敝了。

第一节　亏空与漕弊

先以丁粮的收入来说,两江地区亏空的情形十分严重。嘉庆六年(1801),江苏巡抚岳起查奏时,该省各属亏短银三十余万两。[1] 嘉庆八年(1803),江苏的未补银达四十五万三千五百两。[2] 嘉庆十一年(1806),仅苏州布政使所属,已增至七十余万两。[3] 十四至十九年,江

---

[1]　《清仁宗实录》(七),卷二百九十四,页一七～一九。
[2]　《清仁宗实录》(三),卷一百二十,页二六～二七。
[3]　《清仁宗实录》(七),卷二百九十四,页一七～一九。

苏一省共亏银三百十八万余两。[1] 清廷派兵部尚书初彭龄为钦差大臣前往整理，他制定弥补章程，拟将原亏数目由现任官填补，但未为清廷所允许。[2]

安徽方面，嘉庆九年（1804），该省未完银共一百八十九万余两，其中有著款为一百三十四万余两，而无著款达五十五万余两。[3] 二年以后，无著款中由现任官吏填补了二十余万两，而有著款中，咨追变抵的结果，填补数额尚不到十分之一，清廷命令现任官吏在八年内填补全额。[4] 到了嘉庆十四年（1809），巡抚董教增奏称，仅完纳五十余万两，而八年以后，实又亏欠三十万九千两。[5] 二十年（1815）十月，巡抚胡克家奏称司库借放银两除归完外，尚有未完银九十七万七千余两之多。[6]

江西方面，嘉庆六年，巡抚张诚基报告自乾隆四十一年（1776）至嘉庆四年（1799），各州县亏空银为八十三万余两。清廷以张氏任职后，历年均奏称仓库无亏，现在忽然说亏空了这么多的数字，这显然都是各州县在张氏任期内任意亏缺，而由张氏归咎前人所致，因而对张氏严行申饬。[7] 此后在实录上再无江西亏空钱粮的记载，但亏空仍然存在，应无疑问。

由于钱粮亏空严重，道光元年（1821），宣宗召见新任皖抚李鸿宾

---

[1] 《清仁宗实录》（七），卷二百九十四，页一七～一九。
[2] 同前书，卷二百九十九，页一八～二〇。
[3] 《清仁宗实录》（三），卷一百三十三，页一五～一六。
[4] 《清仁宗实录》（四），卷一百六十二，页一～二。
[5] 《清仁宗实录》（五），卷二百六，页三五～三七。
[6] 《清仁宗实录》（七），卷三百十一，页二四～二五。
[7] 《清仁宗实录》（二），卷八十三，页四～五；《江西通志》，赵之谦等撰，1967年华文影印，卷首之三，页三～四。

时，当面交代要他到任后查办亏空，其后鸿宾请专设一局以便清查。①同时，宣宗也给新任江苏巡抚魏元煜同样的命令。② 后来元煜奏称若要杜绝新亏，必先禁止挪移，并暂缓处分旧欠。③ 这些都显示着两江地区财政的积弊。

其次，就漕粮来说，清代的漕粮，来自两湖、两江、河南、浙江及山东等地，④而以两江地区为最多，江苏一省即占将近二百万石。⑤ 凡是各州县交纳漕粮者名曰花户，各州县先将各里甲之花户额数，填定连三版串，一给纳户，一发经承销册，一存州县校对，⑥然后对照名册，向各花户征收粮米，州县收足后，由粮道发给号单，再由州县按单令卫官收纳，收足一船后，即出给水程单，勒令开帮。⑦ 各省漕船都有船帮的组织，先由漕运总督衙门将船帮全单发给粮道，其中填明起运船粮数目，由粮道递给押运、领运及各厅官员盖印，等到粮船过淮覆验后，发给帮船收执，到通州后，由运官呈报坐粮厅、仓场、户部查验。⑧总计从民间征收粮米起，到通州、北京交兑止，距离数千里，要经多次的转运，多次的繁琐手续，于是发生种种弊病，如州县浮收、旗丁需索盗卖、刁生劣监之把持漕务等，现按《清实录》所载，两江地区自嘉庆四年仁宗亲政起历年所发生的漕弊摘述于下：

嘉庆四年三月，有人条奏民间供输漕粮之弊，州县浮收，每石加

---

① 《清宣宗实录》(一)，卷十七，页六~七。
② 同前书，卷十二，页二八~二九。
③ 同前书，卷二十，页二~三。
④ 《钦定户部则例》(三)，承启、英杰等纂，1968年成文影印，卷十九，页三。
⑤ 《陶文毅公全集》，卷八，页三。
⑥ 《钦定户部漕运全书》(一)，托津等修，福克旌额等纂，1969年成文影印，卷九，页三。
⑦ 同前书，卷十二，页一~二。
⑧ 同前书，卷十二，页七~八。

至数斗及倍收者,仁宗谕令有漕各督抚督饬所属查察,毋使州县藉端勒索,朘削累民。① 六月,仓场侍郎达庆等奏"各省漕粮率多搀杂潮嫩,请敕下有漕省分认真监兑,并令押运等官勤加风晾",②仁宗认为有漕省分只知加派漕规,全不以漕务为重,任意弊混,经征监兑各员通同营私牟利,并不查验米色,率行兑收,而巡抚粮道等官,坐享漕规,置漕弊于不问,积习相因,已非一日,有漕各州县,无不浮收,而江浙地方为尤甚,有每石加至七八斗者,有私行折收钱文者,乃传谕各该抚通饬各员力除积弊。③ 七月,江苏巡抚宜兴奏请革除漕弊,计有州县改收折色、刁生劣监包揽、帮弁旗丁需索等,仁宗再通谕各员革除积弊,并严厉告诫此次通谕之后,若仍蹈前辙,一经发觉,立即执法,决不宽贷。④ 九月,江苏巡抚岳起奏清查漕务积弊,应严禁浮收。⑤

五年(1800)二月,漕督铁保奏漕船经过地方,向有无赖棍徒,勾串水手,勒加身工银两,甚至打船滋事,请严饬地方官查办。⑥ 同时,清廷以前任漕督富纲在任内种种婪索,命予绞监候秋后处决。⑦

六年,岳起将苏松等四府全漕尽委苏州府知府任兆炯督办,而任兆炯藉弥补亏空等名,照旧加收。⑧

七年(1802)五月,以岳起在肃清漕弊之时,既不能实心整顿,又委用非人,致使任兆炯浮收,漕督铁保于旗丁需索帮贴,并不留心约

---

① 《清仁宗实录》(一),卷四十,页二一～二二。
② 同前书,卷四十七,页四～五。
③ 同前注。
④ 同前书。卷四十九,页一○～一二。
⑤ 《清仁宗实录》(二),卷五十二,页二六～二八。
⑥ 同前书,卷五十九,页九～一○。
⑦ 同前书,卷五十九,页一三。
⑧ 《清仁宗实录》(三),卷九十五,页九～一二。

束,而且把弹压漕务,委之知府,二人均交部严加议处;江督费淳漫无觉察,亦交部议处。①

八年(1803)十二月,前署江西乐平拣发知县曹渊、前任乐平调任上饶知县李德树、饶州府知府官懋弼等勒折重征,挟嫌诬陷,俱予革职。②

十年(1805)五月,以江苏吴江勒休知县王廷瑄办漕不善,挪移库项数逾二万两以上,著斩监候,仍勒限照数追完。③

十四年(1809)二月,江淮三六两帮兑运溧阳县米石色黯者居多,苏抚、漕督均受申饬。④ 五月,御史李鸿宾胪陈南漕各弊,请饬有漕各省督抚实力剔除,略称江西有漕各县仓廒多设省城,该县并不将所收米石解省,只令积惯包漕之家人携银赴省,向米铺贱价购买低潮米石,搀水和糠,无所不有,各帮头伍刁丁又从而勾串该家人等通同舞弊,虑及众丁不肯受兑,遂私议每石贴给旗丁银三五钱不等,名曰仓廒使费等弊病。⑤ 六月十七日,宿州二帮行抵东昌,运丁盗卖米石,有恒丰号田姓卸米一百三十余石。⑥ 八月,江西巡抚先福奏称江西各州县有所收米色非一律干洁,及运米到次,途中船户偷盗灌水,并旗丁盗卖亏短各弊。⑦ 十月,江南河督吴璥奏称漕务积弊由于帮丁索费、刁户包漕,而欲除奸丁包户之弊,必先自州县开始。⑧ 护理江西巡抚

---

① 《清仁宗实录》(三),卷九十八,页二一~二二。
② 同前书,卷一百二十四,页九~一一。
③ 《清仁宗实录》(四),卷一百四十四,页二一~二二。
④ 《清仁宗实录》(五),卷二百七,页三五~三七。
⑤ 同前书,卷二百十一,页五~七。
⑥ 同前书,卷二百十五,页八~九。
⑦ 同前书,卷二百十七,页三二~三三。
⑧ 同前书,卷二百十九,页二八~二九。

袁秉直奏称清厘漕弊,首重米色,花户之敢交丑米,由于州县之浮收,旗丁之勒索,由于米色之不净,并有一种武生衿监包漕渔利,现正严行查办。① 十一月,给事中赵佩湘奏"各省亏空,辗转清查,多致悬宕,并提解节省银两,私增漕余名目,请严行饬禁",内称有漕省分以弥补库项之计,巧增漕余名目,致令各州县任意浮收,有一石加至数斗,甚至加倍折色,该管上司需索漕规,运弁旗丁需索兑费,刁生劣监乘机挟制,渔利包漕。② 江苏常熟、昭文二县漕书另制大斛,加收八斗等。③

十五年(1810)正月,仁宗谕令有漕省分督抚各就该省旗丁出运道路远近,酌量伊等沿途提溜打闸拨浅等费,共需若干,再令略有赢余,以为伊等南北携带货物之资,俾丁力不致往来疲乏,各定章程,核明数目,此外毋许丝毫多索,并严禁州县官横征滥与。④ 六月,两淮盐政阿克当阿奏陈,近年漕运稽迟,固由河道多阻,而旗丁等迁延贻误亦有关系,种种弊端,如军船虚报开行日期,以及私带货物过多,船尾又携带木筏,以致挽运不前,甚至军船每修一次,辄加宽长,以私带货物。⑤ 八月,仓场侍郎戴均元等奏查验二进军船米石,内松江各帮米色不纯者居多,金山、江淮五两帮兑运青浦、娄县之米,内有八千五百余石搀杂较甚,间有黑丁入仓。⑥ 九月,又查出兴武四帮兑运松江、华亭县漕粮内,有经潮风晾之米一万二千四百二十余石,因搀杂黑丁,难以久贮,兴武七帮兑运青浦县之米,内有四千八百十一石,业

---

① 《清仁宗实录》(五),卷二百十九,页三九~四〇。
② 同前书,卷二百二十,页二三~二五。
③ 同前书,卷二百二十二,页四~五。
④ 同前书,卷二百二十四,页一五。
⑤ 同前书,卷二百三十一,页一〇~一二。
⑥ 同前书,卷二百三十三,页二三~二四。

经霉变,难以收贮。①

十七年(1812)六月,江苏娄县等处,兑运漕粮,米色灰黯,搀杂黑丁,兴武六帮共米二千四百八石,江淮五帮共米二千九十二石。②

二十二年(1817)五月,给事中陆泌奏称江苏岁运漕粮一百四十余万石,丁力疲乏,除受兑费外,又向地方官借银垫办,近来愈借愈多,竟有一县积欠至数万两者,新旧任交代时因系借款即作正开销,接任之员不得不于兑费内扣除,以致旗丁不敷办运,遂多方刁难,非多索兑费即不准扣除此项银两,名虽有抵,实则虚悬。③ 九月,御史盛惇大奏请杜盐漕积弊,应禁漕船夹带私盐。④ 御史卢浙认为各帮船应带土宜,如有逾额多带者应查明严惩,漕艘经过闸坝关缆人夫,由漕委经管,每多需索,改为闸官经管。⑤ 十二月,以漕督李奕畴奏现定旗丁津贴名目,易滋流弊,请复旧章,传旨申饬。⑥

二十三年(1818)六月,江苏领运千总孙文秀、总运通判陈元龄运解漕米米色搀杂,交部议处。⑦

二十四年(1819)三月,御史吴杰奏陈近日南漕积弊,据称江苏省帮丁除各项帮费支足外,另向州县勒索,有铺舱礼、米色银、通关费、盘验费各名目,每船自数十两至百余两不等。⑧ 闰四月,江督孙玉庭参奏李奕畴滥派漕委多人,滋累帮丁州县。漕委人多需索旗丁,以致

---

① 《清仁宗实录》(六),卷二百三十四,页二~三。
② 同前书,卷二百五十九,页八~九。
③ 《清仁宗实录》(八),卷三百三十,页二九~三〇。
④ 同前书,卷三百三十四,页二四。
⑤ 同前书,卷三百三十四,页二五。
⑥ 同前书,卷三百三十七,页二九~三〇。
⑦ 同前书,卷三百四十三,页一四~一五。
⑧ 同前书,卷三百五十五,页二。

大帮每帮出银三百余两,小帮每帮出银二百余两,浮收苦累粮户。①五月,江苏太仓后等帮运丁在昆山县需索帮费,每船洋银九百余圆,至一千余圆之多;苏州后等帮运丁在新阳县需索帮费,每船洋银六百余圆至一千余圆之多,仍未满其欲,将通关米结揝勒留难,该运弁等不行禁止,转将米结交丁赴县喧闹。②

二十五年(1820),太仓州大斗收漕,嘉定县土棍王荣芳等结党闹漕。③

道光元年(1821)三月,江西巡抚璪弼奏会筹江西省漕务,宣宗认为江西漕额比江苏、浙江轻,而积弊相沿,势亦相埒,乃因帮费不能尽革,因之浮收不能尽除,准照江苏将帮费、陋规概令酌减一半,除南昌府属之武宁、奉新两县本有随漕津贴,毋庸征收余米外,其余有漕州县,每漕米一石,收余米二斗五升,于八折征收之外,不许稍加颗粒。④四月,兴武、淮安、滁、苏各帮船水手沿途纠集多人,喝令住泊,肆行讹索。⑤ 五月,于学政考试时突有多人以命案及浮收等词拦舆指控铜山知县陈稷田。⑥

上举仅是就《实录》所见而言,可知两江地区漕弊严重之一斑,清廷虽屡有谕旨禁革,但积弊已深,显然未见收效。

---

① 《清仁宗宗录》(八),卷三百五十七,页一~二。
② 同前书,卷三百五十八,页二一~二二。
③ 《清宣宗实录》(一),卷十八,页二三。
④ 同前书,卷十五,页七~八。
⑤ 同前书,卷十七,页二一~二二。
⑥ 同前书,卷十八,页二八。

第二节　河工积弊

东南数省漕粮,上供京师,必须运道通畅,方能源源转输。然运道与黄河相交,黄河沙重,故运道常常淤垫梗阻。而黄河之经常泛滥,不但影响漕运,并且毁损了中下游无数的生命和财产,所以清廷对治河之事,十分注意,设有江南河道总督专司其事。

根据《清实录》所载,自嘉庆元年(1796)至二十五年(1820),几乎无岁不办河工,常常决口出现后,办理堵工;合龙不久后,再现决口。其糜费国帑,竟不下于军费。主要弊端,在于河员侵蚀工款,以致工程难求坚固。嘉庆五年闰四月,仁宗曾谕"河工积弊甚多,而办工人员侵渔贻误,已非一日,即如淮扬游击刘普、淮徐游击庄刚、睢南同知熊辉、丁忧睢南同知莫沄素号四寇,又捐职淮徐道书潘果、郭聪,有费仲、尤浑之称"。[①] 十一年九月,又谕"南河工程,近年来请拨帑银不下千万,比较军营支用,尤为紧迫,实不可解。况军务有平定之日,河工无宁晏之期,水大则恐漫溢,水小又虞淤浅,用无限之金钱,而河工仍未能一日晏然。即以岁修抢修各工而论,支销之数,年增一年,偶值风雨暴涨即多蛰塌,此即工员等虚冒之明验"。[②] 十六年(1811)六月,又谕"江南河务,其弊不可胜言,殊劳朕心"。[③] 由此可知,嘉庆朝江南河工积弊之严重。现依据清实录所载,将江南河工积弊情形择要列出,以见一斑。

嘉庆五年二月,河督康基田堵筑邵家坝漫工,于堵合后,发现冻

---

① 《清仁宗实录》(二),卷六十五,页三~四。
② 《清仁宗实录》(四),卷一百六十七,页八~一〇。
③ 《清仁宗实录》(六),卷二百四十五,页一二。

土不能坚实,致有渗漏过水,料船又失火,清廷以其疏防玩误,予以革职留工效力赎罪,并分赔焚毁料物等项十分之五。① 闰四月,睢南同知熊辉、丁忧睢南同知莫沄联结姻好,援引弟侄,偷减帑项,淮徐道书潘果等将一切钱粮购料,不令厅员领办,悉交守备千把旗牌效用等经理,该备弁得以肆意侵蚀,以致外间有"食料者籴吃草粿土"之谚。清廷将熊辉、莫沄、潘果等查产抵公,严行惩办。②

九年十月、十二月,以清口一带淤浅,南河各员并不先期疏浚正河,以致合龙后下流阻遏,江督陈大文、河督吴璥二人传旨申饬。③

十年十一月,凌水骤涨,清江浦土堤过水,河督徐端、江督铁保交部议处。④

十二年(1807)正月,署外河同知王坦绪等承办工程,狃于积习,通融报销,革去顶带。⑤ 五月,以盱堰堤石等工积弊,铁保与河督戴均元、副总河徐端等以失察员弁偷工减料,均传旨申饬。⑥ 十二月,扬河通判潘礼、高宝河营守备吴国栋承修石工,以新作旧,予以解任审讯。⑦

十三年(1808)九月,因山阳里河平桥三铺西岸纤堤坐垫,里河同知缪隽、守备汪腾龙、里河县丞赵立福等均革职留工效力。⑧ 十二月,以荷花塘漫口合龙后,坝身复蛰,江督铁保下部议处,河督徐端、副总

---

① 《清仁宗实录》(二),卷五十九,页一五。
② 同前书,卷六十五,页三～四。
③ 《清仁宗实录》(三),卷一百三十五,页二二、卷一百三十八,页一八～二三。
④ 《清仁宗实录》(四),卷一百五十三,页二～四。
⑤ 同前书,卷一百七十三,页二〇～二二。
⑥ 同前书,卷一百八十,页二～三。
⑦ 《清仁宗实录》(五),卷一百九十,页一五～一六。
⑧ 同前书,卷二百一,页一二～一三。

河那彦成降调。①

十四年三月,江督铁保、河督吴璥、副总河徐端等不先修筑纤道,以致河口浅滞,均传旨严行申饬。② 八月,山阳县状元墩地方堤身坐蛰,江南总河吴璥、副总河徐端交部议处,同知张文浩、守备刘俊于所属汛地疏防,并交部严加议处。③ 十月,吴璥等于查办海口,意欲不挑复旧河,仍就北潮河去路,展宽挑深,将滩面拦束,以为权宜治标之策,传旨申饬。④ 十一月,以江南总河吴璥、副总河徐端、原东河总督调任漕督马慧裕三人职司河务,对于漕运事,强分畛域,互相推诿,以致冻阻,吴璥、徐端交部议处、⑤马慧裕降调。⑥

十五年(1810)二月,江苏山阳县平桥汛三铺东岸土堤漫塌,承办工段之试用通判孙龄革职并枷号示儆。⑦ 六月,江苏清江浦地方,久雨积潦,掣通坝身蛰塌十六丈,承办坝工之署同知陈式平、署知县罗翙远分别赔完工钱。⑧ 十月,以高堰、山盱两厅风暴掣塌石工,至四千余丈之多,而仁义智三坝俱掣通过水,下游州县田庐被淹,副总河徐端疏于防范,革职留任。⑨ 同月,仁宗以"近年以来,南河工程所费帑金,不下数千万两,而漫工倒灌,岁有其事。偶值风雨,即不能防守平稳,且每有一处漫工,遂请帑大办。其岁抢修银,仍不能少减。无日不言治河,究之毫无功效",要新任江督松筠密访,自吴璥、徐端以至

---

① 《清仁宗实录》(五),卷二百五,页一六~一七。
② 同前书,卷二百八,页五~七。
③ 同前书,卷二百十八,页一~二。
④ 同前书,卷二百二十,页三~五。
⑤ 同前书,卷二百二十一,页一〇~一一。
⑥ 同前书,卷二百二十二,页六。
⑦ 同前书,卷二百二十六,页二二~二三。
⑧ 同前书,卷二百三十二,页三二~三三。
⑨ 《清仁宗实录》(六),卷二百三十五,页九~一〇、页二二~二三。

道厅营汛等官，其中有无借工支销，将所领帑项上下朋分及私侵入己者，或系办理不当，妄兴无益工程，以致帑项多归虚掷。① 同时，又以闽浙总督方维甸因亲老回籍侍奉，南河系其桑梓之区，要方氏详加访察近年南河大小各员有无妄兴工作或工员偷减等弊。② 十一月，松筠密奏："吴璥议论河务，多有不实，徐端只知做工，欠晓机宜。查伊二人任内经手工程，如堰圩改建砖石各工，老坝工改挑毛家嘴，移建束清御黄二坝，回龙沟挑挖引河，清口拦做圈堰，种种办理失宜，峰山坝现又堵闭迟逾；此外，如毛城铺率请修复，海口仍称高仰，语皆遮饰。又所用属员，如叶观潮、张文浩、缪元淳等，皆委任不当，或应参不参，或应赔不赔，以致各处工员无所儆畏。现在即查有垫款应领银九十余万，恐有虚捏报帐情弊，必须查办，以杜浮冒"。③ 仁宗乃革徐端职。④ 又前任扬河通判缪元淳于本年承办扬河堤岸工程，共领银五六千两，只用钱一千八百余串，河厅同知王世臣承办土坝一段，偷工减料，更有并未办工之人，辄准先行借支银两，以便私用，均著人查办。⑤

十六年二月，仁宗谕南河工员承办工程，不能如式实心办理，偷工减料，以致新工未竣，旧工复生，所有十四、十五两年，加培黄运中河大堤土工夫役增价，核计多用银四万八百余两，及上年挑复海口时，酌量接济疲累工段，所借银数，核计共有十万六千余两，均著陈凤翔分别勒追。又挑挖淮北盐河一事，所办工段，已有淤垫处所，所有

---

① 《清仁宗实录》（六），卷二百三十五，页二三～二四。
② 同前书，卷二百三十五，页二九～三一。
③ 同前书，卷二百三十六，页一六～一七。
④ 同前书，卷二百三十六，页一八。
⑤ 同前书，卷二百三十六，页二五～二七。

此项工用银八万三千余两,著吴璥、徐端照数分赔完缴。历任河督,除徐端前已降旨惩处外,吴璥降四级调用,仍于补官日,降三级留任,戴均元革职留任,那彦成降四级留任。承办工员,现任者姑留本任,候补者留工效力,各限三年,如无误再请开复,如限内再有疏失,加倍治罪。① 七月,又因上年马港口挑挖正河,特派湖广总督马慧裕到南河督办挑工,费帑数百万,乃坝根起除未净,又堆积土山逼近河滩,以致水过沙停淤塞,马慧裕交部议处。又以本年三四月间,倪家滩一带漫口,另棉拐山、李家楼又有两处漫口,河臣陈凤翔交部严加议处,萧南同知陈熙、守备管友仁、邳北通判朱檖、守备郑庆瑶、兼管之徐州道张鼎、游击孔成均交部议处。② 九月,以上年马港口堵闭漫口挑挖正河各工程,动用帑项三百四十余万两,在事各员办理草率,前任徐州道单泾、原任河北道张裕庆、捐纳道员张凤藻、已革淮扬道叶观潮等,或经手钱粮,或总催工段,俱交部严加议处,并著分赔补筑堤埝各工银五十余万两。③ 十一月,以南河要工林立,在事文武员弁仍前懈慢,守备周宗义、铜沛同知王元佐、候补通判沈成宗均著革职。④ 十二月,廷议上年承办马港工各员糜帑玩工,单泾革职。所有本年重挑马港以下淤垫引河,共估挑土方银三十一万一千三百九十余两,补筑北岸漫缺长堤,共估土方银三万八千七百九十余两,西坝歪斜共估修整银二万两,又挑河各员借领银十万六千五十两,著叶观潮、单泾、张裕庆、张凤藻及帮办催挑河工各员分别罚赔,勒限追缴。张凤藻、姜志

---

① 《清仁宗实录》(六),卷二百三十九,页九~一一。
② 同前书,卷二百四十六,页二四~二五。
③ 同前书,卷二百四十八,页二~三。
④ 同前书,卷二百五十,页一~三。

安、罗锦等三员勒派工员,均著革职。① 同月,因李家楼漫口,同知陈熙到工迟延,枷号示惩;守备管友仁、千总熊礼臣、协防宋魁等贻误险工,著即拿问;该管徐州道张鼎、淮徐营游击孔成于所属厅营员弁玩愒疏防,并不据实禀揭,俱著革职,陈凤翔交部议处。②

十七年二月,以江苏海安同知师兆龙玩视要工,革去知府衔,撤回海安同知。③ 三月,从江督百龄奏李家楼汛地千总熊礼臣玩误河防,著于河工枷号。④ 八月十二日,以江南河督陈凤翔于礼坝要工不及早亲往筹办,仅委游击陈岱堵筑,因循玩误,糜帑殃民,予以革职,留于河工,并罚赔银十万两。⑤ 八月十七日,又令将陈凤翔枷号两月示众,限满疏枷,发往乌鲁木齐效力赎罪;游击陈岱在工次枷号四个月,满日发往伊犁充当苦差;百龄、黎世序亦著交部议处。⑥ 十一月,查明苇荡营柴束情弊,江宁盐巡道朱尔赓额欺蒙舞弊,著革职在苇荡营枷号三个月,满日发遣伊犁;知府韩桐革职按律杖徒,其余参将王福、守备安鹏等均革职,赔项有差。⑦

十八年(1813)四月,以南河历年办理各工,造报迟延,未经估销及驳查未覆者,有百余案之多,江督百龄、河督黎世序二人督催不力,均传旨申饬。⑧ 又以挑土夫役潘开得等七十人,因工价被扣逃走,夫头崔全等率人追赶,逃夫二十四人溺毙,尸身有带铁器金刃等伤,候

---

① 《清仁宗实录》(六),卷二百五十二,页一四~一五。
② 同前书,卷二百五十二,页一五~一七。
③ 同前书,卷二百五十四,页三~四。
④ 同前书,卷二百五十五,页九~一〇。
⑤ 同前书,卷二百六十,页四~六。
⑥ 同前书,卷二百六十,页一四~一六。
⑦ 同前书,卷二百六十三,页一四~一六。
⑧ 同前书,卷二百六十八,页五~六。

补州同袁迟、署清河县知县县丞龚京正、把总张永贵,俱著革职。有关各官河督苏抚等均予议处。①

十九年(1814)闰二月,以十七年报销岁抢修工程,用银至一百五十九万余两,所有逾额银九万余两,著黎世序及承办各工员,按数分赔。② 百龄因上年兴挑徒阳运河时,办理草率,以致本年回空帮船浅阻,将承办该工之道府县参奏著赔。③

二十年三月,以海口北岸叶家社原堤日渐塌宽,大溜里卧,渐成顶险;前护淮海道孙茂承、同知黄柄、守备王统业、千总张松年俱行革职,留于工所协同修守,所有前此创筑大小越堤及埽坝里头等项银两,分别赔缴。④

由上述可知,嘉庆一朝,江南河工积弊之深,尤以嘉庆十年至十六年左右为最。综合言之,其弊有两方面,一为工程,如:(1)员工偷工减料,(2)河员承办工程通融报销,(3)以旧工作新工,(4)不肖员弁兵役悄挖决口,以致堤工漫溢,(5)河官奢侈,帑多中饱或任意挪移帑金。⑤ 一为人事:历任河督之所以未能经理协宜,用人不当,实为主因,如嘉庆十五年,江督松筠疏论河工积弊,谓吴璥与徐端治理失宜,用人不当,垫款九十余万,徐端只知做工,不晓机宜,糜帑千万,迄无成功。⑥ 然吴璥并非不知此病,曾向两淮盐政阿克当阿述及厅员营弁中诚实者少,不肖者多,不愿无事,只求有工。⑦ 但整个河工的人事制

---

① 《清仁宗实录》(六),卷二百七十,页二三~二四。
② 《清仁宗实录》(七),卷二百八十六,页二七~二八。
③ 同前书,卷三百一,页一〇~一一。
④ 同前书,卷三百四,页一五~一六。
⑤ 《清仁宗实录》(八),卷三百六十三,页三四~三五。
⑥ 《清仁宗实录》(六),卷二百三十六,页一六~一七。
⑦ 同前书,卷二百三十六,页二五~二七。

度有问题,如河工向有代厅员办工之幕友人等,名曰外工,各处揽办工程,①极易造成偷工减料、侵蚀入己等弊,迨至所办之工或有疏失,工员罚赔治罪,外工反置身事外,以致河工弊病越来越严重,故于嘉庆十七年二月规定"如需用代办之人,即先将伊等姓名造册报明河督存案,设有贻误,一并摊赔治罪"。又如河工事竣,主其事者又滥保亲旧,甚至有身未赴工而名列荐牍者。② 总之,河工事繁人众,情伪百出,人事制度之不善,为主因之一。

江南河工与地方吏治及漕运均相为表里,必须督臣、河臣、漕臣三者和衷共济,集思广益,才能治事顺手。如百龄与黎世序相得,河务便经理得宜。又河督为河务专管官员,应熟悉河务者且能久任,才可望见效。因为河工缓则易办,速则工不稳固,在嘉庆朝八位江南河督中(见表),仅黎世序在位最久,而成绩也较佳,其余则任期不长,所以很难见效。

总而言之,在陶澍履任安徽以前,江南河务积弊极深,已到不能不痛加整饬的时候了。

江南河道总督 咸丰十年六月十八日裁

姓 名	任 职	类别	离 职	离职原因	备 注
兰第锡	乾隆五十四年二月二十七日 (1789.3.23)	调	嘉庆二年十二月十三日 (1798.1.29)	卒	离职根据《清史稿》、《东华录》
康基田	嘉庆二年十二月十三日 (1798.1.29)	调	嘉庆五年二月五日 (1800.2.28)	缘事革职	

① 《清仁宗实录》(六),卷二百五十四,页四~五。
② 同前书,卷二百五十四,页四~五。

续表

姓　名	任　职	类别	离　职	离职原因	备　注
吴　璥	嘉庆五年二月五日 (1800.2.28)	调	嘉庆九年十二月十二日 (1805.1.12)	因病,到京另候简用	
徐　端	嘉庆九年十二月十二日 (1805.1.12)	任	嘉庆十一年六月十四日 (1806.7.29)	调江南副总河	十一年六月十四日复设南河副总河
戴均元	嘉庆十一年六月十四日 (1806.7.29)	任	嘉庆十三年三月二十日 (1808.4.15)	因病解任	
徐　端	嘉庆十三年三月二十日 (1808.4.15)	任	嘉庆十三年十二月二十九日 (1809.2.13)	缘事降副总河	
吴　璥	嘉庆十三年十二月二十九日 (1809.2.13)	任	嘉庆十五年七月二十九日 (1810.8.28)	因病开缺	
徐　端	嘉庆十五年七月二十九日 (1810.8.28)	任	嘉庆十五年十一月十三日 (1810.12.9)	缘事革职,留工效力	
蒋攸铦	嘉庆十五年十一月十三日 (1810.12.9)	任	嘉庆十五年十二月十九日 (1811.1.13)	不谙河工,允辞仍回任浙抚	
陈凤翔	嘉庆十五年十二月十九日 (1811.1.13)	调	嘉庆十七年八月十二日 (1812.9.17)	缘事革职,留工效力	十五年七月二十九日裁江南副总河缺
黎世序	嘉庆十七年八月十二日 (1812.9.17)	署	道光四年正月二十日 (1824.2.19)	因病赏假二月	

续表

姓　名	任　职	类别	离　职	离职原因	备　注
孙玉庭	道光四年正月二十日（1824.2.19）	暂兼署			
黎世序			道光四年二月三日（1824.3.3）	卒	

资料来源：《清季职官表》附《人物录》（下），页五七四。

第三节　盐政败坏

清代盐法初仍沿袭明代之纲法，即招商认引，各岸销盐认引皆有定数。认引之商，注其姓名及其所认引数入纲册，嗣后即照纲册所列，派给新引，纲册无名者不得参与运销。① 此项运销权利，乃成永久专利。盐场方面，另立盐商，专事收买盐户所产之盐，卖给引商，引商保缴税课，领引运盐，销售于固定引岸之商贩或人民。此项制度之基本原则，为商收、商运、商售，政府只按引征收定额税课，可谓相当简便。惜日久弊生，盐利既为引商所独占，遂变为世业，以致引商不必运盐贩卖，但将其专利凭证，每年售与其他愿从事贩运食盐者，即可坐享巨利，而实际运贩食盐者，其成本因而加重。又政府官吏对引商负有监督保护责任，因之不肖官吏自不免利用职权，从而对引商剥削渔利，浮费陋规乃随之有增无已。每藉军需、助赈、助工等名义，劝盐商捐输报效。以军需报效言之，乾隆朝淮商捐一千四百八十万两，嘉

---

① 《皇明经世文编》，陈子龙等编，1964年国联影印，卷四七七，页二～三。

庆朝捐五百五十万两。以助赈报效言之,乾隆朝淮商捐两百十万七千三百五十一两,嘉庆朝捐三十万两。以助工报效言之,乾隆朝捐二百三十一万七千六百两,嘉庆朝捐三百十万两。① 盐商所有负担,最后自然转嫁于平民,盐价因而昂贵。盐价增加,民间遂趋于食用私盐,终至官盐滞销,课绌库空。

东南财赋,淮鹾为最大,天下盐务,淮课为最重,即如各省地丁钱粮,或数十万,或百余万,重如江苏,亦只三百万,而淮盐内外正杂支款,岁需七、八百万。② 两淮盐场共有二十三场,属于淮南者,通州分司辖有九场,泰州分司辖有十一场;属于淮北之三场则归海州分司所辖。两淮所产之盐,行销江苏、安徽、江西、湖北、湖南、河南(部分)六省。每岁应行纲盐一百六十余万引。③ 由于淮盐在财政上所占比例甚大,所以政府于滞销一事,非常重视,曾采融销与铣销二法解决,所谓融销即将疲滞各岸课欠而不能缴纳,或已完正课而不能销之积引,改于畅销之岸行销之谓,其法有二,一曰带销(凡以本岸商人代行本岸积引之谓),一曰代销(以甲岸商人代行乙岸积引之谓)。铣销即将历年正行纲引取消一年或一纲,停给朱单,或将已给朱单取消一年,不行捆运之谓。如嘉庆四年(1799),淮北纲盐,因官盐滞销,商力疲乏,递年积压,乃采融销之法,将淮北盐于己未(四年)、庚申(五年)两纲内,各提出十万单引,融销淮南江广等岸。④ 嘉庆八年续将淮北壬

---

① 刘隽:《道光朝两淮废引改票始末》,《中国近代经济史研究集刊》第一卷二期,民国二十二年社会调查所出版,页一三四。
② 《陶文毅公全集》,卷十四,页一四。
③ 《盐法议略》,王守基纂,光绪十二年刊于粤东,卷一,页五七;《熙朝纪政》,王庆云著,光绪二十八年同文仁记石印,卷五,页二六。
④ 《陶文毅公全集》,卷十八,页二九~三〇。

戌(七年)未销引盐融拨淮南十万单引。① 嘉庆十三年复因淮北额引未能畅销,自己巳纲(十四年)起,至戊寅纲(二十三年)止,每纲融入淮南行销盐四万单引。② 但绩效不彰,嘉庆十五年至二十五年(1810～1820)中,淮南北纲食各岸,共全运六纲,江广铳销一纲,分十年带运一纲,淮北铳销一纲,分年带运一纲,③兹列表说明如下:

嘉庆十五年至二十五年淮盐运销一览表

年　份	纲名	运销情形
嘉庆十五年 (1810)	庚午纲	江广各岸因盐积滞全行铳销,片引未行、淮南滞销分辛未等六纲带运二十三万一千九百二十七引、安池太及淮南食岸并淮北全运
嘉庆十六年 (1811)	辛未纲	南北纲食各岸照额全运
嘉庆十七年 (1812)	壬申纲	南北纲食各岸照额全运
嘉庆十八年 (1813)	癸酉纲	南北纲食各岸照额全运
嘉庆十九年 (1814)	甲戌纲	南北纲食各岸照额全运
嘉庆二十年 (1815)	乙亥纲	淮南纲食各岸照额全运 淮北滞销酌提二十万引分丁丑等十纲带运
嘉庆二十一年 (1816)	丙子纲	淮南纲食各岸照额全运 淮北滞销酌提二十万引分丁丑等十纲带运
嘉庆二十二年 (1817)	丁丑纲	南北纲食各岸照额全运

---

① 《陶文毅公全集》,卷十八,页三〇。
② 同前注。
③ 《陶文毅公全集》,卷十七,页一二～一三。

续表

年　份	纲名	运销情形
嘉庆二十三年 （1818）	戊寅纲	淮南纲食各岸分己卯等十纲带运 淮北纲食照额全运
嘉庆二十四年 （1819）	己卯纲	南北纲食各岸照额全运
嘉庆二十五年 （1820）	庚辰纲	淮南照额全运 淮北因盐积滞全行铣销
备　注		即自嘉庆十五年至二十五年间，仅止六纲全运，其余或北销而南铣，或南销而北分带。

资料来源：《陶文毅公全集》，卷十七，页一一～一二。

因为淮盐虽然规定行销六省，实则地区并无如此之广。如江南之苏、松、常、镇、太（仓）、徽、广等地例食浙盐，徐、宿例食东盐，淮、扬逼近场灶食盐甚少，往往融销楚岸，皖北各属与豫省毗连之处，皆食淮北海州之盐，其课亦微。其食淮南盐者，苏省惟江宁一府，皖省则沿江之安、池、宁、太（和）、椒而已，因此积重之势全在湖广、江西，而江西之广信则食浙盐，赣州南安、宁都与湖南之郴州、桂阳皆食粤盐，湖北之施南食川盐，其余多为邻私所侵灌，如衡、永、宝、靖之于粤，荆、宜之于川，襄、郧之于潞，皆全为私占，不过虚存淮盐名目，所真食淮盐者，江西惟南昌、南康、瑞、临、饶、九，湖北惟武昌、汉阳、黄州、沔阳，湖南惟长沙与岳、常、澧三属而已，[①]因此淮盐之畅销与否，均与湖广、江西之口岸有关。根据《清实录》记载，嘉庆五年二月，御史郑宗彝奏称湖广、江西运盐口岸，尚有匿费，自经裁革后，商人成本减轻，

---

① 《陶文毅公全集》，卷十五，页三八；钦定户部则例（四），卷二十六，页九～一〇。

于办运实多裨益,但日久懈弛,其弊复生,竟至有每引用至一两数钱以上之事,其运盐江船复不遵奉官价,任意高昂,而自场灶至各口岸,无益之费,有增无减,以致商本日亏,仁宗谕令姜晟等严饬各该岸商人务将浮费裁汰。①

嘉庆十年十一月,以楚省岸商私自抬价病民,两淮盐政佶山交部议处,运司曾燠交部察议。② 同年,以两淮场灶被水,商力拮据,每引加盐十斤,限三年停。③

十二年六月,仁宗认为两淮盐政额勒布虽能力崇节俭,自甘淡泊,但该盐政一人狷洁自矢,而盐务大小各官未必能同心合意,从前两淮盐务浮费,每年不下数百万两,近年虽节次裁禁,浮费仍不少,谕令额勒布将两淮盐务无益闲费确切查明,一律禁革,将每年节省银两,即以贴补成本。④ 同月,以户部议覆"湖广江西两省行销淮盐价值,恳照总督汪志伊所奏,暂援余息成例,每引酌增银四钱二分,请旨办理",仁宗认为该二省引盐成本,加价已非一次,姑念两淮场灶,连年被灾,该商等成本加重,所有湖广、江西盐引著照汪志伊所奏一体准其援照余息成例,每引酌增银四钱二分,此系因商力疲乏,暂为调剂,俟商力稍裕即行奏减,仍复旧规。⑤

十四年二月,两淮盐政阿克当阿奏称上年夏间洪湖异涨,各坝齐开,场灶被淹,现届加斤期满,恳请展限,仁宗准予展限。⑥

十五年(1810)七月,以军船夹带私盐,不独有碍淮纲,即沿河各

---

① 《清仁宗实录》(二),卷六十,页一一~一二。
② 《清仁宗实录》(四),卷一百五十二,页四~五。
③ 《清仁宗实录》(八),卷三百六十六,页八。
④ 《清仁宗实录》(四),卷一百八十一,页一一。
⑤ 同前书(四),卷一百八十二,页一八~一九。
⑥ 《清仁宗实录》(五),卷二百七,页三〇。

引地亦有滞销之患,仁宗谕令两淮盐政嵩年等应力为查办,并著漕督转饬运弁于帮船回空之日,食盐短缺时,给予该旗丁印照一纸,令其持照赴店照例置买。①

二十一年(1816)四月,准两淮引盐加斤,再展三年。②

二十三年(1818)二月,以湖广、江西丁丑(二十二年)纲盐引运销不及十分之一,惩盐道章廷梁、胡稷等。③ 五月,湖广总督庆保等奏称湖广行销淮引界内有淮盐挽运维艰之永州、宝庆二府请就近改食粤盐,郧阳一府请就近改食潞盐,宜昌一府请就近改食川盐,仁宗认为"淮盐行销地界系百余年久定之例,近日楚省地方官不能实力缉私,以致邻盐浸灌,额引缺销,乃辄议将楚省四府淮盐引地改食邻盐,不知私盐充斥之区,全赖自固藩篱,若退让一步,必愈致进侵一步,是何异引盗入室,自撤藩篱乎?"庆保、张映汉俱著交部议处。④

二十四年,两淮盐政延丰奏称商盐加斤限满,恳恩再予展限,仁宗以上年夏秋缺雨,荡草歉收,盐价增昂,准将淮南、淮北纲食每引加盐十斤,再予展限三年,自己卯纲起,扣至辛巳纲停。⑤

二十五年七月,以淮北商力素称疲乏,近值豫皖各省口岸被淹,纲引益形积滞,仁宗准两淮盐政延丰所请将己卯(二十四年)纲淮北纲食引盐并带运乙丙纲引盐课钱粮展至辛巳(道光元年)二月奏销,其庚辰、辛巳两纲带运乙丙纲引钱粮并展至壬午(道光二年)年二月奏销,至壬午纲奏销仍归原限。⑥ 十一月,两淮盐政延丰条陈积欠过

---

① 《清仁宗实录》(五),卷二百三十二,页一八～一九。
② 《清仁宗实录》(七),卷三百一十八,页二。
③ 《清仁宗实录》(八),卷三百三十九,页五。
④ 同前书,卷三百四十二,页一二。
⑤ 同前书,卷三百六十六,页八。
⑥ 《清宣宗实录》(一),卷一,页一八。

多，请旨酌宽年限。如(1)捐带各款，共二千八百余万两，除武陟、仪封捐款一千一百余万两，分十纲征竣外，铳引赔课等项一千六百余万两，自道光十年(1830)起，至二十三年(1843)止，分十四纲带征。(2)各省匦费一百二十余万两，院司节省八十余万两，玉贡折价七十余万两，节省玉贡九十余万两，请分五年带解。(3)生息利银二百五十余万两，内宗人府、步军统领各衙门及外省河漕经费诸要需，共四十余万两，照限征解，余内外衙门利银二百余万两，请分五纲完交。宣宗谕令嗣后两淮玉贡折价银两停纳，其节年未解玉贡折价银七十余万两及未报节省玉贡银九十余万两加恩豁免。①

道光元年(1821)二月，两江总督孙玉庭等查明商运致弊之由，奏请停止淮南北口岸盐斤加价，宣宗准其所请，自辛巳纲为始，所有淮南北纲食各岸盐斤加价概行停止。②

由上述，可知淮盐由于纲法施行不善，盐利为引商所独占，变为世业，加重商运成本。不肖官吏又渔利引商，一再加重商人负担，因而盐价一再提高。由于官盐价高色差，而私盐价低色好，人民自然乐于食私。而淮盐由于引地广，又与邻省引区错综，加以挽运困难，以致为邻私侵灌，虽经清廷采融销、铳销、盐斤加价以及引盐加斤等方法协助商人解决问题，终无法避免官盐滞销，盐贩赔累，政府税入之减少，至道光时情形已非常严重。

第四节　吏治废弛

地方官吏的能力、操守、风气等，可以直接影响到地方秩序的安

---

① 《清宣宗实录》(一)，卷八，页一六～一七。
② 同前书，卷十三，页二二。

宁,尤以州县得人为最重要。而督抚为地方最高长官,尤须于正己之外,时以澄清吏治为心,才可上风下偃,一般官吏,不敢妄行扰民。但清代自乾隆中期之后,政风日趋败坏,至嘉道年间,上自督抚,下至州县,心怀民瘼,正直廉能之官吏,已渐少见。兹据各级官吏受惩情形,择要摘录,藉以觇知当时江南吏治败坏之一斑。

(一)不知检束:嘉庆元年十一月,江西巡抚陈淮居官贪黩,信任南昌县知县徐午串通舞弊,清廷命陈淮解任,徐午革职,一并逮问。① 四年六月,两淮盐政征瑞长随高柏林因江阴县广福寺失修,禀知征瑞捐银五千两交知府胡观澜兴修,胡观澜因公费不敷,复令该县杨世绥在城乡劝募,出差催缴,民怨沸腾,清廷以胡观澜不知体恤民情,勒派修寺,扰累闾阎,且迎合盐政长随,尤为卑鄙无耻,二人均革职永不叙用。② 七月,江苏巡抚宜兴,自以宗室体尊,南面正坐,道府皆令侍立,并令各属称之为爷,任性骄矜,荒湛于酒,任听家人等需索门包使费,又以苏州街道狭窄,乘轿难行,命地方官令铺户拆毁门面,不从者予以枷责,以致怨讟繁兴。又宜兴委同知李焜滥拿诸生一百数十名,另制小号刑具,酷刑加以拷掠,等于治贼,而学政平恕未敢一言禁止,反将受刑生员按名斥革,清廷将宜兴、李焜革职,平恕解任。③ 又新任江宁盐巡道彭翼蒙,携眷赴任,家口仆从甚多,道署房舍几不能容,用度亦颇繁费,彭翼蒙即予革职。④ 九月,以江南狼山镇总兵官宁泰性耽安逸用度奢侈,予以革职。⑤ 又两淮盐政征瑞曾馈送和珅银二十万

---

① 《清仁宗实录》(一),卷十一,页二〇。
② 同前书,卷四十七,页一四。
③ 同前书,卷四十八,页一三~一四。
④ 同前书,卷四十九,页一九。
⑤ 《清仁宗实录》(二),卷五十一,页三。

两,未经收受,转将该款为其子捐纳官职,开设铺面,又听家人怂恿,自捐银两,倡修寺庙,卑污下贱,即予革职①。五年六月,河库道叶雯,以前在庐州府任内,不能约束伊孙,于经过所属地方,有供给夫马饭食之事,交部议处。② 八月,原任国子监学政韩怡以丹徒知县黎诞登在任专结富户搢绅,重用蠹役,自作实政各条,亦令该县绅耆向巡抚衙门呈递,以事关职衿控官,二人均著暂行革职受讯。③ 七年正月,周兴岱典试江西时,向人宣露其将查访地方事务,擅出告示,词意夸张,以致通省官员相率趋承,赆仪从厚,且因未带冬衣,辄向地方官告及,殊为卑鄙,著降为四品京堂。④ 四月,京口副都统阿玉什与仆妇通奸,著即发往新疆效力赎罪。⑤ 十二年二月,江苏苏州知府周锷、长洲知县赵堂、万承纪等听受请托,颠倒案情,均著革职锁拿。⑥ 十一月,两江总督铁保等参奏总兵舒当阿营私徇法,罔顾廉隅,中军游击恒泰通同舞弊,均著革职。⑦ 二十年正月,江苏通州知州俞颖达捏词禀报袁昌习教念经,冀图卸过邀功,胆大无耻,著即革职严审。⑧ 六月,以江苏巡抚张师诚平日未能约束伊弟,以致酿成命案,著交部议处。⑨ 二十一年十二月,署江苏丹徒县南汇县县丞杨超铎藉案索赃,著即革职。⑩ 二十三年十月,江苏桃源知县黄屿因差繁缺苦,辄敢向藩司琦

---

① 《清仁宗实录》(二),卷五十一,页一八～一九。
② 同前书,卷七十,页二七。
③ 同前书,卷七十二,页一六～一八。
④ 同前书,卷九十三,页一〇～一一。
⑤ 《清仁宗实录》(三),卷九十七,页一八～一九。
⑥ 《清仁宗实录》(四),卷一百七十四,页二九～三二。
⑦ 《清仁宗实录》(五),卷一百八十七,页二二。
⑧ 《清仁宗实录》(七),卷三百二,页一〇～一一。
⑨ 同前书,卷三百七,页二五。
⑩ 同前书,卷三百二十四,页五。

善面恳调剂,经该司指斥,即声言告病听参,黄屿著即革职。① 二十五年十一月,两淮运司刘泲以三品大员不自引嫌,于服官省分合伙开店,勒令休致回籍。②

（二）行政过失：嘉庆四年二月,江西九江道刘朴,于浙江监生捐纳县丞职衔陈卿延到关撞骗时,不加扣留究讯,任其他往,著交部议处。③ 六月,以江苏吴县生员吴三新负欠徽州民人杨敦厚钱债未还,该县知县甄辅廷即将吴三新擅责二十板,以致众心不服,纠众喧闹,甄辅廷著予革职。④ 七月,两江总督费淳于仁宗密交吴县生员吴三新案之事件并不实心查办,就案敷衍,降三级留任。⑤ 九月,安徽巡抚陈用敷、臬司福庆办理秋审,失出九案,均交部议处。⑥ 五年六月,江苏宿迁县内旧建高宗纯皇帝御制碑刻,被风吹倒,倾折,迟至十年之久,不行修理,历任江督苏凌阿、费淳等均罚令赔修,其历任因循未办之正署府县,及不行催办之藩司,均予议处。⑦ 六年九月,安徽巡抚荆道乾及臬司恩长办理秋审张元案失出,均传旨申饬。⑧ 七年十一月,以嘉庆三年(1798)江西宁州逆匪刘联登等聚众滋扰时,巡抚张诚基捏饰具奏,著革职解京审拟。⑨ 十年正月,安徽寿州知州郑泰于李复春具控张大勋毒毙三命一案,并不质讯明确,据实详报,辄行蒙混结案,著革职拿问,前署寿州知县沈南春、凤阳府知府张汝骧、前署府事顾

---

① 《清仁宗实录》(八),卷三百四十八,页二一。
② 《清宣宗实录》(一),卷九,页一一～一二。
③ 同前书,卷三十九,页一六～一七。
④ 同前书,卷四十七,页一～二。
⑤ 同前书,卷四十九,页五～六、页一七～一八。
⑥ 《清仁宗实录》(二),卷五十二,页一四～一六。
⑦ 同前书,卷六十九,页一四～一五。
⑧ 同前书,卷八十七,页一六。
⑨ 《清仁宗实录》(三),卷一百五,页一六～一七。

浩，均著解任。① 十一月，署江苏盐城县试用知县陆树英平日不留心化导，以致所属村庄，常有凶徒惨毙多命重案，著发往伊犁效力。② 十二月，以安徽蒙、宿各犯滋事，革失察南平厅同知陈洪绪等职。③ 十一年五月，江宁布政使康基田督催铅船不力，降六部郎中。④ 八月，安徽阜阳县知县傅文炳于承审命盗重案，辄行草率定拟，且积压案件，典史乔佐国玩视狱囚，二人均著革职，发往伊犁效力，知府樊士鉴交部严加议处。⑤ 十三年九月，安徽省情实人犯，内由该省原拟缓决，经刑部改入情实者共十起，前护巡抚鄂云布及承办之臬司均著传旨申饬，交部加等议处。⑥ 十四年七月，以江苏山阳王伸汉冒领赈银，革江督铁保职，苏抚汪日章亦以失察革职，江宁布政使杨頀、按察使胡克家均革职留工效力。⑦ 十一月，刑部具奏浙江等六省由缓决改入情实招册，安徽失出之案多，该督抚臬司等著加等议处。⑧ 十六年十一月，审拟张良璧采生毙命案，安徽巡抚钱楷错拟罪名，著交部察议，知府成履恒、知县曾佩莲不为究办，均著革职。⑨ 十九年四月，江南提督马瑜失察所属营员恣意狎邪，降为徐州镇总兵。⑩ 二十一年四月，江苏巡抚张师诚将印务交藩司代办，径自起程回籍，著予革职。⑪ 二十三年

---

① 《清仁宗实录》（三），卷一百三十九，页六。
② 《清仁宗实录》（四），卷一百五十三，页一三～一四。
③ 同前书，卷一百五十五，页五。
④ 同前书，卷一百六十一，页一三～一四。
⑤ 同前书，卷一百六十五，页一八～一九。
⑥ 《清仁宗实录》（五），卷二百一，页一六～一七。
⑦ 同前书，卷二百十五，页三六～三七。
⑧ 《清仁宗实录》（五），卷二百二十一，页一六。
⑨ 《清仁宗实录》（六），卷二百五十，页一三～一四。
⑩ 《清仁宗实录》（七），卷二百八十九，页三五。
⑪ 同前书，卷三百十八，页一三～一四。

十二月,江西司书陈炳和串通营书冒领库款,巡抚钱臻失于觉察,交部议处。① 同月,江西南康县知县徐景于匪徒结会传徒,毫无觉察,著革职拿问。② 二十五年十一月,江西盐道胡稷于私盐侵越督缉无方,以致官引壅滞,岸商虚报销数,又未能督查更正,有乖职守,著交部严加议处。③ 道光元年(1821)正月,前任安徽巡抚吴邦庆、前任臬司嵩孚、邹翰、安庆府知府申瑶等承审徐飞陇命案错误,几至酿成冤狱,安庆府知府申瑶降三级调用,嵩孚、邹翰降五级留任。④

（三）怠玩职守：嘉庆九年正月,洋盗驶至吴淞口内洋,先后劫掳商船四十号之多,防兵额设四十名,其时仅二名兵丁在,仁宗以该省水师废弛已极,命有关官兵把总以上,守备以下,皆革职发往军台效力,提督哈丰阿降叶尔羌帮办大臣,川沙营参将陈配高、总兵谢恩诏交部严加议处。⑤ 十年七月,安徽灵璧县有伤父杀母重案,知县茹绍基闻报后不上紧严缉,致该犯自缢,仁宗以该知县任意废弛地方事务,著革职发往乌鲁木齐效力赎罪。⑥ 十二年二月,以江西吏治疲玩,巡抚衙门未结词讼有六百九十五起,藩司衙门未结者有二百六十八起,臬司衙门未结者有五百八十二起,盐粮各巡道未结者有六十五起,巡抚秦承恩、藩司先福均交部议处。⑦ 四月,以江西省臬司衙门积案多至数百件,历任臬司衡龄、刘涫革职留任,汪志伊、颜检、阿林保、

---

① 《清仁宗实录》(八),卷三百五十一,页三~四。
② 同前书,卷三百五十一,页一九~二〇。
③ 《清宣宗实录》(一),卷九,页二一。
④ 同前书,卷十二,页二二~二四、页三三~三四。
⑤ 《清仁宗实录》(三),卷一百二十五,页一九~二〇。
⑥ 《清仁宗实录》(四),卷一百四十七,页六~七。
⑦ 同前书,卷一百七十四,页三三~三四。

许兆椿、景敏、蒋攸铦（署）等均降三级留任。① 六月,前署江西万载县试用知县周吉士不实力缉拿要犯,予以革职。② 十三年十一月,前署安徽蒙城知县张象鼎及接任知县雷长春于县民朱子康呈报被劫一案,延搁三年,以致押毙四命,均著革职。③ 十六年六月谕:江苏省承审咨交各案未结,惩督催不力之巡抚、藩臬两司,并承审逾限及提解迟延各员,著交部分别议处。④ 十一月,江西信丰县绞犯曾瘟瘟越狱脱逃,该县典史黄思锦疏于防范,革职留任。⑤ 十七年八月,户部查明江苏、安徽积欠钱粮及耗羡杂税等款,各多至四百余万两,江西积欠数十万两,仁宗以各督抚藩司督征不力,均严行申饬。⑥ 十月,以本年六月焚毁军装,两江总督百龄、江苏巡抚朱理迟缓陈奏,怠玩懈弛,俱传旨申饬。⑦ 二十年（1815）三月,以初彭龄于署苏抚任内,自耽逸乐,衙门稿案假手于人,命予革职。⑧ 二十一年十二月,以江苏、安徽、江西等省积欠地丁耗羡杂税等款银两,自降旨勒限催追已阅五载,尚未完缴,各该督抚藩司俱著交部议处。⑨ 二十二年五月,以两江总督孙玉庭于署丹徒县南汇县县丞杨超铎拿问严究一案,故延时日,任伊弥缝,因循疲玩,交部察议,巡抚胡克家交部议处。⑩ 二十三年二月,以湖广江西纲引滞销,盐道章廷梁、胡稷俱著革职留任,

---

① 《清仁宗实录》（四）,卷一百七十八,页一七～一九。
② 同前书,卷一百八十二,页三～四。
③ 《清仁宗实录》（五）,卷二百三,页一七～一八。
④ 《清仁宗实录》（六）,卷二百四十五,页二～三。
⑤ 同前书,卷二百五十,页二八～二九。
⑥ 同前书,卷二百六十,页一七～一八。
⑦ 同前书,卷二百六十二,页七～八。
⑧ 《清仁宗实录》（七）,卷三百四,页七～九。
⑨ 同前书,卷三百二十五,页一〇。
⑩ 《清仁宗实录》（八）,卷三百三十,页一～二。

摘去顶带。① 二十五年四月,以千总赵起凤奉派截拿私枭船只时,推令商人督丁往捕,转自退入河湾,著俱斥革,参将那朗阿革职,仍令缉捕自效。② 六月,以安徽巡抚姚祖同对降旨交付之案件,并不亲提审断,交部议处。③

吏治之废弛,即当时地方大吏,亦往往形诸章奏,如嘉庆五年五月,江西巡抚张诚基奏"江西从前吏治废弛,州县遇事婪索,知府收受漕规、月费、节礼、盘费,所在皆然"。仁宗对于此种情形,也数加诘责,如嘉庆十四年八月,诏称江苏吏治废弛,于查禁出洋米石一事,有名无实,致使内地米少价昂,皆由江督铁保、苏抚汪日章怠玩因循,不能整顿所致。要新任江督阿林保实力整饬。④ 十六年闰三月,又称两江地方狱讼繁多,未经审结者不少,皆由历任上司因循疲玩,不即早审理,以致民风渐趋刁健,吏治日渐废弛,要新任江督勒保力为整顿,严查速办。⑤ 十九年四月,户部奏请饬催各省州县征存未解银两,其中江苏、安徽两省嘉庆十四年奏催案内未解银三百余万两,已阅数年,不特报解无几,而征存者转益加多,现两省共未解银六百六十余万两,为数最多,可见该两地官吏之因循疲玩。⑥

第五节　治安不良

清朝自乾嘉以来,因政治废弛,以致各地大小变乱不断发生。江

---

① 《清仁宗实录》(八),卷三百三十九,页五。
② 同前书,卷三百六十九,页三一～三二。
③ 同前书,卷三百七十二,页七～八。
④ 《清仁宗实录》(五),卷二百十七,页四～五。
⑤ 《清仁宗实录》(六),卷二百四十一,页四～五。
⑥ 《清仁宗实录》(七),卷二百八十九,页二～三。

淮地区，虽较川楚各地为轻，但仍相当严重。其时扰乱治安者，除普通盗匪外，尚有私枭、洋盗、教匪、捻匪等，兹依实录所载，依次择录于下：

嘉庆三年八月，江西宁州（后改名为义宁州）陈坊地方，有习教匪徒，纠众滋事，官兵未到之前，该州士民各自保护村庄，同心抵御，因此贼匪不致蔓延，其后将起事首犯刘联登枪毙，其余首伙各犯，全行擒获正法。① 五年四月，苏抚张师诚覆奏督拿徐属盗匪情形。② 七年十二月，两江总督费淳等奏报剿平宿州戕官贼匪王朝名等。③ 八年十一月，江西广昌匪徒赖达忠等，勾结宁都李步高、石城廖干周等欲图抢掠，经该县会同都司先期往捕，杀毙首犯廖干周、李步高、朝仪书，生擒李天奇等，此外歼毙捕获者，不下千余名，并搜获布旗铁炮军器符咒等，供称系福建李凌魁及其徒杜世明密约宁金鳌、赖达忠等共同谋逆。④ 九年正月，洋盗乘风驶至吴淞口内洋，先后劫掳商船，共计四十号之多。⑤ 四月，江西巡抚秦承恩拿获素习老母教之王添组（即王瑞忠）等，该犯捏称弥勒佛转世，煽惑乡愚，上年廖干周起事之时，恳其帮助，许为上清宫教主，该犯辄自称瑞忠法中皇，写入旗内，号召众人，该犯被捕后即予正法。⑥ 十年正月，江督陈大文奏称查获狂悖大逆重犯董霖，搜出字卷等件。⑦ 九月，江督铁保等奏，连次拿获在洋行

---

① 《清仁宗实录》（一），卷三十三，页一一～一二；江西通志，卷首之三，页三。
② 《清仁宗实录》（二），卷六十四，页三〇。
③ 《清仁宗实录》（三），卷一百六，页八。
④ 同前书，卷一百二十四，页一四～一五。
⑤ 同前书，卷一百二十五，页一九～二〇。
⑥ 同前书，卷一百二十八，页一二～一四。
⑦ 同前书，卷一百三十九，页一二。

劫三案之盗匪蔡廷秀、周文达等。① 十二月,安徽宿州匪犯余连等在汪家庄放火劫掠之后,逃至蒙邑丰家集地方盘据不散,经地方官带领兵壮,分路前进,全数擒获。② 十三年七月,给事中周廷森奏称:江南之颍州、亳州、徐州、河南之归德、山东之曹州、沂州、兖州等府,有无赖棍徒,拽刀聚众,设立顺刀会、虎尾鞭、义和拳、八卦教名目,横行乡曲,欺压善良。其滋事之由,先由赌博而起,遇会场市集,公然搭设长棚,押宝众赌,勾通胥吏为之耳目。③ 十二月,枭匪田五等在沭阳地方,纠众施放枪炮,拒杀十三命。④ 十五年九月,安徽省递解发遣盗犯孙辰兴等四名,行至山东省邹县之二夏店地方,犯属孙勤等纠众夺犯。⑤ 十七年五月,拿获安徽省巢县人金惊有等惑众传徒做会敛钱。⑥ 十八年十一月,诏称江西龙泉县从前有添弟会匪徒滋事,搜拿未尽,现南安、赣州、宁都等处仍有会匪立教煽诱。⑦ 十二月,安徽颍、亳等处有结会进香学习拳棒之事。⑧ 十九年闰二月,江西吉安、赣州、南安三府地方,多有强悍不法之徒,偶因细故,即聚众械斗,尤以赣州之信丰县为甚,动辄纠众千人。⑨ 九月,江西余干朱毛俚潜蓄逆谋,编捏谣词,造作龙文凭票木戳,伪封匪党官职,为官兵捕获多人。⑩ 十月,拿获朱毛俚案主谋伙要各犯,胡秉耀等十七名凌迟斩决,程鳞祥

---

① 《清仁宗实录》(四),卷一百五十,页八~九。
② 同前书,卷一百五十四,页一~三。
③ 《清仁宗实录》(五),卷一百九十八,页一八~一九。
④ 同前书,卷二百四,页一六~一七。
⑤ 《清仁宗实录》(六),卷二百三十四,页一九~二〇。
⑥ 同前书,卷二百五十七,页三一~三三。
⑦ 同前书,卷二百七十八,页二二~二三。
⑧ 《清仁宗实录》(七),卷二百八十,页一二。
⑨ 同前书,卷二百八十六,页四~五。
⑩ 同前书,卷二百九十七,页一五。

等三十五犯绞监侯。① 二十年八月，诏称近来河南、安徽、湖北三省交界地方，不法匪徒，纠众肆劫，扰害良民，有红胡子、白撞手、拽刀手等名目。② 又称本年春夏间，湖北、江西、安徽、江苏等省各督抚先后奏报拾获匿名揭帖，字体怪异，语句悖逆，上印九龙木戳，共有十余纸，两江总督百龄派委文武员弁，于和州地方缉获散布逆帖人犯严士陇，究出编造逆词首犯方荣升，旋于巢县拿获方氏，起获九龙木戳，及伪造时宪书违悖经卷字迹四箱③。九月，山东滕县、峄县、兰山县、郯城县，毗连江南之邳州、宿迁、海州、赣榆各州县，多拽刀手匪徒，或数十人，或数百人不等，聚众械斗，白昼抢夺。④ 二十一年，江督百龄派委员在海州地方查拿盐枭多犯，余枭大半遁入安徽境内，及山东曹州一带地方。又豫省缉拿红胡匪犯，其逸犯亦俱窜入安徽毗连处所潜匿。⑤ 二十三年七月，山东兖沂曹一带莠民带刀出入，每一伙谓之一捻，小捻一二十人，大捻三四十人，黑夜持械劫掠行旅，曹州属之巨野县大田集一带，不下五六捻，持械出没江苏之丰县、安徽之亳州等处。⑥ 二十四年正月，江督孙玉庭奏称千总陈韶仪拿获枭匪韩吉俊等二十二名，起获私盐一万五千斤，并铁叉刀枪等件。⑦ 二十五年十月，匪棍胡大成自立伙头名色，在海州边境地方，私设盐关，聚集伙党，带有火器刀械，架护私枭，抽钱渔利，为官兵拿获胡大成及伙党李成幅等三十名。⑧

---

① 《清仁宗实录》（七），卷二百九十八，页一一～一三。
② 同前书，卷三百九，页三～四。
③ 同前书，卷三百九，页二○～二一。
④ 同前书，卷三百十，页一九～二○。
⑤ 同前书，卷三百二十五，页九～一○。
⑥ 《清仁宗实录》（八），卷三百四十四，页一三～一五。
⑦ 同前书，卷三百五十三，页一八～一九。
⑧ 《清宣宗实录》（一），卷七，页一二。

以上所举,不过依照实录所载摘出而已,其不见于实录者,当不在少。可见江南地区在嘉庆一朝内治安情形之不良,已相当严重了。

第六节 天灾频仍

天灾为人力所不可抗拒之灾变,能导致人民生活困苦,生命伤亡,因而影响社会治安。天灾虽难以避免,但可以预先防范,使其灾害减至最低程度。在传统中国,防范工作的主要负责者,为各级地方官吏,若政治不良,则天灾之为害,必定愈增其严重性。天灾有水、旱、虫、风等灾。现根据清实录的记载,将陶澍未到江南以前,江南各省每年申报灾变的情形,列表于次:

江南灾变表(嘉庆元年至二十五年)(一)江苏

年　　代	受灾地区 (州县数)	百分比	灾别	备注
嘉庆元年 (1796)	24	34.3%	水	
嘉庆二年 (1797)	15	21.4%	水	
嘉庆三年 (1798)	27	38.6%	水	
嘉庆四年 (1799)	23	32.9%	水	
嘉庆五年 (1800)	25	35.7%	水	其中萧、砀山二县被水最重,赈四次
嘉庆六年 (1801)	19	27.1%	水	

续表

年　代	受灾地区（州县数）	百分比	灾别	备注
嘉庆七年（1802）	23	32.9%	水、旱	
嘉庆八年（1803）	19	27.1%	水、旱、虫	其中桃源、清河、铜山、砀山、宿迁、睢宁、萧、邳等八县被水、被旱又被虫灾，丰、沛、赣榆、沭阳等四县虫灾，扬、镇、常三府所属间有飞蝗，由于无法确知州县数，未包括在内。
嘉庆九年（1804）	48	68.6%	水	
嘉庆十年（1805）	48	67.6%	水、旱	江苏省原有七十州县，嘉庆十年增设川沙厅，共计七十一州县。
嘉庆十一年（1806）	25	35.2%	水	
嘉庆十二年（1807）	14	19.7%	水	
嘉庆十三年（1808）	27	38.0%	水、雹、旱、虫	其中海州、沭阳、宿迁三县又被虫灾。
嘉庆十四年（1809）	24	33.8%	水	
嘉庆十五年（1810）	27	38.0%	水、旱	
嘉庆十六年（1811）	25	35.2%	水、旱	其中砀山县被水严重，免额赋三年，萧县一年。
嘉庆十七年（1812）	16	22.5%	水、旱	

续表

年　代	受灾地区（州县数）	百分比	灾别	备注
嘉庆十八年（1813）	21	29.6%	水、霜	其中丰、沛二县被水又被霜。
嘉庆十九年（1814）	57	80.3%	水、旱	
嘉庆二十年（1815）	21	29.6%	水	
嘉庆廿一年（1816）	29	40.8%	水	
嘉庆廿二年（1817）	20	28.2%		
嘉庆廿三年（1818）	27	38.0%	水、旱	
嘉庆廿四年（1819）	47	66.2%	水、旱	
嘉庆廿五年（1820）	30	42.3%	水、旱	

资料来源：《清实录》

江南灾变表（嘉庆元年至二十五年）（二）安徽

年　代	受灾地区（州县数）	百分比	灾别	备注
嘉庆元年（1796）	13	22.0%	水	
嘉庆二年（1797）	14	23.7%	水、旱	

续表

年　代	受灾地区（州县数）	百分比	灾别	备注
嘉庆三年（1798）	14	23.7%	水	
嘉庆四年（1799）	27	45.8%	水	其中宿、灵璧、泗三州最严重，一再加赈，共六次。
嘉庆六年（1801）	16	27.0%	水	
嘉庆七年（1802）	38	64.4%	水、旱	由于受灾严重，又赈又缓征，又免赋，给口粮。
嘉庆八年（1803）	28	47.5%	水、旱	其中两县被水，又受贼匪滋扰。
嘉庆九年（1804）	32	54.2%	水	其中无为州最严重，给三次口粮，每次给一月口粮，并给一次房屋修费。
嘉庆十年（1805）	30	50.8%	水、旱	
嘉庆十一年（1806）	19	32.2%	水、旱	
嘉庆十二年（1807）	34	57.6%	水、旱	
嘉庆十三年（1808）	6	10.2%	水	
嘉庆十四年（1809）	18	30.5%	水、旱	
嘉庆十五年（1810）	21	35.6%	水、旱	

续表

年　代	受灾地区（州县数）	百分比	灾别	备注
嘉庆十六年（1811）	34	57.6%	水、旱	其中泗州被水严重，免额赋三年，宿、灵璧二州县二年，五河县一年。
嘉庆十七年（1812）	24	40.7%	水、旱	
嘉庆十八年（1813）	27	45.8%	水、旱	
嘉庆十九年（1814）	50	84.7%	水、旱	
嘉庆二十年（1815）	31	52.5%	水、旱	
嘉庆廿一年（1816）	27	45.8%	水、旱	
嘉庆廿二年（1817）	21	35.6%	水	
嘉庆廿三年（1818）	22	37.3%	水、旱	
嘉庆廿四年（1819）	18	30.5%	水、旱	
嘉庆廿五年（1820）	37	62.7%	水、旱	

资料来源:《清实录》

江南灾变表(嘉庆元年至二十五年)(三)江西

年　代	受灾地区（州县数）	百分比	灾别	备注
嘉庆五年（1800）	12	15.2%	水	
嘉庆六年（1801）	4	5.1%	水	
嘉庆七年（1802）	63	79.7%	水、旱	
嘉庆九年（1804）	15	19.0%	水	
嘉庆十年（1805）	9	11.4%	水、旱	
嘉庆十三年（1808）	9	11.4%	水	
嘉庆十四年（1809）	3	3.8%	水	
嘉庆十五年（1810）	3	3.8%	水	
嘉庆十六年（1811）	7	8.9%	旱	
嘉庆十七年（1812）	8	10.0%	水	
嘉庆十八年（1813）	5	6.3%	水	
嘉庆十九年（1814）	11	13.9%	水、旱	

续表

年　代	受灾地区（州县数）	百分比	灾别	备注
嘉庆廿一年（1816）	2	2.5%	旱	
嘉庆廿二年（1817）	5	6.3%	水	
嘉庆廿五年（1820）	23	29.1%	旱	

资料来源:《清实录》

自嘉庆元年(1796)至嘉庆二十五年(1820),这二十五年中,江苏省发生天灾共计681州县次,平均每年有27.24州县次。安徽省发生天灾共计601州县次,平均每年有24.04州县次。江西省发生天灾共计179州县次,平均每年有7.16州县次。江苏省每年都发生水灾,二十五年之中,旱灾11次,虫灾两次,雹、霜灾各一。[1] 安徽省除嘉庆五年外,每年都有水灾,旱灾有17次。[2] 江西省水灾平均每两年一次,旱灾每四年一次。[3] 江苏省被灾最严重的年份为嘉庆十九年,受灾地区高达57州县,[4]当时江苏省共有71州县,[5]占80.03%,最轻的年份为嘉庆十二年,只占19.7%,[6]受灾州县数超过二分之一者

---

[1] 见《江南灾变表》(一)江苏。
[2] 见《江南灾变表》(二)安徽。
[3] 见《江南灾变表》(三)江西。
[4] 同[1]。
[5] 江苏省原有七十州县,嘉庆十年增设川沙厅,共计七十一州县,见《清史稿》(赵尔巽等撰,铸版,民国十六年香港文学研究社出版),地理志五,页二五九～二六一。
[6] 见《江南灾变表》(一)江苏。

有嘉庆九、十、十九、二十四等年。① 安徽省被灾最重年份亦为嘉庆十九年，受灾州县数高达 50 州县，② 当时安徽省共有 59 州县，③ 占 84.7%，最轻的年份为嘉庆十三年，只占 10.2%，④ 受灾州县数超过二分之一者，有嘉庆七、九、十二、十六、十九、二十、二十五等年。⑤ 江西省被灾最重年份为嘉庆七年，受灾州县数高达 63 州县，⑥ 江西省共有 79 州县，⑦ 占 79.7%，最轻的年份为嘉庆二十一年，只占 2.5%。⑧ 由此可知，江南三省，以江苏省受灾最重，安徽省次之，江西省最轻，因而发生问题也最少。

向来遇到水旱之灾，受灾省分之督抚都随时具奏，以便政府发帑赈恤，以免造成社会不安。嘉庆初年，因军需浩繁，政府财政支绌，封疆大吏遇有灾荒往往不敢直陈，自以为晓事，仁宗认为"倘有一乡一邑，偶被偏灾，而该督抚等因现办军务，匿不上闻，则小民饥困无依，或致别滋事端，是欲撙节帑项，而所费转多"。乃于嘉庆五年二月下令严诫督抚讳灾。⑨ 水旱以外，伤农病农者，莫过于虫灾。清圣祖时即训饬地方各官谆谆以捕蝗为急务，其不力者加以处分。⑩ 世宗于雍正六年（1728）八月谕令嗣后各省地方如有蝗蝻为害之处，必根究其起于何地，其不将蝻子即时扑灭之地方官，著革职拿问，若蝗虫所到

---

① 见《江南灾变表》（一）江苏。
② 见《江南灾变表》（二）安徽。
③ 《清史稿》，地理志六，页二六一～二六三。
④ 同②。
⑤ 同②。
⑥ 见《江南灾变表》（三）江西。
⑦ 《清史稿》，地理志十三，页二七六～二七八。
⑧ 同②。
⑨ 《清仁宗实录》（二），卷五十九，页二五～二六。
⑩ 《钦定吏部则例》（吏部编纂，1966 年成文影印），卷之二十四，页八～九。

之地,而该地方官玩忽从事,不尽力扑灭者亦著革职拿问,并将该督抚严加议处。① 高宗亦于乾隆三十五年(1770)六月谕令嗣后捕蝗不力之地方官并就现有飞蝗之处,予以处分,无庸查究来踪,致生推诿。② 可见清廷对讳灾官吏处分之严厉。但地方官为规避处分,往往以有报无,或以不伤禾稼之语讳匿具详。如嘉庆八年,江苏省沿海一带,长有蝗蝻,飞落他处,该地方官并无一字入告,一直到仁宗访闻后降旨询问,两江总督费淳才奏称"徐州府属间有飞蝗停落,旋即扑灭,未伤禾稼"。仁宗乃又降旨诘问"该处既有飞蝗停落,岂有成群来往,忍饥待毙,竟于禾稼一无伤损之理",令查明据实具奏。费淳不得已覆奏称"绿豆等项杂粮稍有受伤,庄稼偶有嚼食,并扬、镇、常三府亦有飞蝗停落",可见费淳前奏之并不确实,其覆奏亦仍显然以虚词搪塞。难怪仁宗感叹"所费者官帑,并非地方大吏各出己赀,不知何所瞻顾而必壅于上闻乎"。③ 十三年,江苏巡抚汪日章奏"海州车轴河等处间有蝗孽,已扑灭净尽,又沭阳、宿迁二县有飞蝗过境,并未停落,现饬查明从何处飞来,令地方官实力搜捕",④蝗蝻千里飞空,昼夜不止,岂能无暂时停落觅食之理,可见其为讳灾遁词。

灾变既成之后,清廷照例降旨加恩抚恤,用苏民困,但地方官办理赈务,往往又造成弊害,如委员查灾,借端需索;藩司发帑,藉项扣除;造册时不核户口之虚实,胥吏从而侵渔;设厂时不酌道路之远近,使饥民疲于奔走;散赈早晚失时,梁米煮粥,搀和沙灰,给钱折银短串

---

① 《钦定吏部则例》(吏部编纂,19661966年成文影印),卷之二十四,页八~九。
② 《钦定吏部则例》,卷之二十四,页九~一〇。
③ 《清仁宗实录》(三),卷一百十六,页一二、四一~四二。
④ 《清仁宗实录》(五),卷一百九十七,页二六~二七。

扣平;甚至安抚失宜,致使流民转徙。① 不但虚糜国帑,而且灾民并未受惠。故嘉庆九年,有安徽石埭县民人唐虎呈控该县侵蚀赈济银两之事。② 十三年,有江苏山阳王伸汉冒领赈银,加害查赈委员李毓昌之案,③皆可见赈务之弊端。

由于不肖州县于赈务办理不实,以致引起动乱。如嘉庆六年三月,江西省萍乡县有饥民抢谷。④ 而灾民辗转流徙,形成困扰尤多。如嘉庆十九年,御史傅棠奏称,浙江各府属山势深峻处所,来自福建、江西、安徽等省之游民,成群结伴,自数十以至百数不等,散处各山,无人稽察。⑤ 同年,御史孙世昌奏称,十八年睢州漫口,河南、安徽两省下游被灾州县,穷民流散在外者,百十为群,随处觅食,道路相继。⑥ 同年五月,嘉庆帝召见钱樾,询以江浙地方情形,据称,近数年来杭嘉湖及苏常等府,每届秋冬之间,有江北淮徐一带游民,百十为群,或乘坐船只,或推挽小车,或结队步行,衣履齐全,不类乞丐,号称饥民,所过乡村,坐索饭食,铺户等敛钱资送,必须给其所欲始去,否则恃众索取,人皆畏其强横,不敢较论,地方里保亦不敢查问,该匪徒等岁以为常,视同行业,愈聚愈多,沿途无赖之徒,随而附和,其中私枭窃匪无所不有。⑦

前已说过,天灾之流行,虽非人力所能抗拒,但对天灾之善后处理,应属地方官之责任,今由上述,可知江南地区灾情之重,泰半

---

① 《清仁宗实录》(七),卷二百九十五,页二二;卷三百,页二〇~二一。
② 《清仁宗实录》(三),卷一百三十三,页二一~二二。
③ 《清仁宗实录》(五),卷二百十五,页二七~二八。
④ 《清仁宗实录》(二),卷八十六,页三六。
⑤ 《清仁宗实录》(七),卷二百八十四,页三〇~三一。
⑥ 同前书,卷二百八十五,页一八~一九。
⑦ 同前书,卷二百九十一,页一七~一八。

为人谋不臧所致。

　　以上已将陶澍未到江南以前,江南地区的财政、漕政、河工、盐务、吏治、民生等情形,分别叙述,足以窥见当时为全国财赋人文荟萃之区的衰敝情形,下章起将分别探究陶澍如何在此一地区致力于起衰振敝的情形。

第三章　积弊的祛除

第一节　财政之整理

传统中国系以农立国,国库的收入向以田赋丁税为主。[1] 清初赋额仍承袭明万历时代的标准而去掉明季的一切苛捐杂税,一时大得民心。康熙五十一年二月二十九日(1712.4.4)有滋生人丁永不加赋之谕,[2] 次年实施,至世宗雍正初年,又将丁银随地附征,合称地丁银,[3] 各省皆有定额;如江苏、安徽、浙江、江西、湖南、湖北、山东、河南等省,除地丁银外,尚须缴纳漕粮,以供京师官吏及驻军之用,亦各有定额,俱载于《赋役全书》中。

清代以武力入统中国,其一切政治设施,无不以巩固其统治权为主要目的。就财政而言,采集权主义,每省设布政使司(俗称藩司)总

---

[1] Wang Yeh-Chien, Land Taxation in Imperial China, 1750—1911, Harvard University Press, Cambridge Massachusetts, 1973, p. 80. Table 4.8. 统计田赋在1753年占全国总税收73.5%,到了1908年占35.1%,其重要性不及清初,然而此项所占百分比仍是各项收入中最高者。
[2] 《国朝掌故辑要》,林熙春辑,1970年华文影印,卷七,页三。
[3] 《熙朝纪政》,卷三,页一八～二〇。

揽全省财赋,而直隶户部。一省之地丁钱粮,先由州县征收,征收所得除留支必须额数(约五分之一)外,①其余悉缴藩库。运解藩库的金额,在正常情形下,除一部分充拨本省兵饷,文武官的廉俸、书工、役食、祭祀费、驿站费等必需的"坐支之款"外,其余则悉解户部。② 在征收过程中,凡征解、盘查、清查等程序,户部则例均有详细规定。但法令虽称严密,在实际运作过程中,每每发生弊病,而致征收不能足额,这种情形皆称为亏空或亏欠。亏空亏欠不仅影响该省财政的支配,亦影响中央的收入。清代钱粮亏空的情形可说是无朝无之,无省无之,只是亏空程度有轻重之别而已。中央虽致力讲求防范对策,然自嘉庆朝以后,亏空数额愈积愈多,成为当时严重的财政问题。

在嘉庆朝亏空案中,亏空数目最多的省分是安徽、江苏、山东、浙江、直隶、甘肃等省,皆多达百万两以上,③其中甘肃一省,原是贫瘠之区,其所以发生亏欠者,多系挪垫军需之故。其他诸省乃是经济水准高的地区,居然都闹亏空,所以极受清廷注意。由于地丁钱粮乃国家正供,不容短缺,故清廷事后要各省追补亏欠。可是亏欠愈积愈多。清廷乃加以清查,而清查时往往一件案子牵涉到前后几任官吏,后任的官员,常将自己的征收所得,为前任弥补亏欠,但却又产生了续亏、新亏的情形,失去了真正的清查意义。陶澍之所以被调往安徽,主要是安徽亏空积欠的情形太严重,宣宗希望他能确实加以清理。陶澍到任后,曾有两封信给友人,详述安徽钱粮亏空之缪辕情形。一封是给董小槎(桂敷)太史,谓:

---

① 《清末の财政と官僚の性格》,铃木中正著,《近代中国研究》第二辑,页一九四。
② 《钦定大清会典》,托津等纂,嘉庆二十三年刊本,卷十二,页一。
③ 《清仁宗实录》(六),卷二百六十,页一七~一八;《清仁宗实录》(七),卷三百十四,页一五~一六、卷三百十七,页一八;《清仁宗实录》(八),卷三百六十四,页四。

> 拜命以来,兢兢凤夜,如理乱丝。近始窥见底里,办理殊不易易。即如亏空之事。他省多者不过一二百万而止,而皖省从前竟至千余万,恩免之后,尚不下数百万。灾赈之事,他省偶一见之,而凤、泗一带无岁不有偏灾,即无岁不有缓带。钱与漕为同条共贯之事,而粮道远在金陵,商办每难画一,督、抚、河、漕相去俱各千里,禀示亦不能如期,凡此数端皆为缪辁之由,而他省所未有也。兼之地夹江淮,水陆交冲,差使络绎,河漕灾务数大端,色色非钱粮不行,而通共止五十九州县,真有袖小不堪回旋之势,此所以亏空甲于天下。自嘉庆七年至十九年,已清查五次,而不能得其要领也。自十九年以后,又已数年,兼欲溯查五次以前至于乾隆中岁,举百余年之缪辁,悉欲扫荡廓清于一旦,其为忙碌已不胜言。而钦限甚迫,九月杪即须尽行奏出,此所以日夜栗栗伏案勾稽,如老诸生目耕之不遑也。①

另一封信是给姚秋农(文田)学使:

> 即如清查一事,他省偶一见之,而皖省自嘉庆七年至十九年,五次清查,仍未了结,自十九年至今,又已七八年,未查者须续查,已查者又须复查,其间官更吏换,卷册如鳞,一算偶差,全盘尽错,其难办者一也。又如豁免一事,前已奏出官亏五百余万,民亏四百余万,以五十四(九)州县负此千万两之重累,其颠蹶自不待言。今虽援恩请免,而格于部议,十不能去其二三,辗转纠缠,虚同鲍系,其难办者二也。又如钱粮一事,缓征带征,他省或间数岁而一见,皖省则凤、泗等处,自国朝以来,无岁不赈,则无岁不缓,无岁不带,其间又有成灾四五分及六七八分之别,

---

① 《陶文毅公全集》,卷四十一,页一七~一八。

其缓带又有三年两年之不同,是即在一时一手已不能画一而整齐之矣。又况今岁所缓之二三分四五分,至来年而又报五六分六七分,则又不得不递缓,而三年之带征或化而为五年之带征,从此重重叠叠牵缠不已,而本年成灾之五六分者,仍当征四五分,成灾之七八分者,仍当征二三分,倘不能征之如数,则率率更多,此皖省积欠所以无休无歇而愈久愈累,其难办者三也。又如漕粮漕项同征分解,本与藩司衙门相为表里,号令最宜画一,乃以安徽全省之粮道,远驻隔省之江宁,水陆迢迢,文札诸多不便,动辄歧异,兼之漕、督二宪,相去均在千里,遥遥请示,多需时日,往往坐失机宜,设所批不同,更形掣肘,是以钱漕亦多舛误,其难办者四也。至于寻常奏销,屡经部驳,今所积压者不下数十百起,现在亦须赶办。①

面对如此复杂的情形,陶澍如何下手呢?

他鉴于安徽钱粮从前五次清查俱以州县开报之数入册定案,其开报数内,每有前后任掣肘未清之款,并未逐一厘正,而且开报数外,亦未查其有无欠解别款,故多不实不尽。② 但州县所亏缺者,或系正杂,或系捐赔,藩司衙门俱有档案可稽。故陶澍所采取的办法是先检核司案,将州县欠款截清界限,俾欠款得实而亏数自明。乃督率局员将嘉庆二十五年(1820)以前,凡州县欠解正杂钱粮并应捐未解各款,无论已入、未入清查,按地、按员、按年、按款分晰开出,以司库之档案,核州县之册报。其间有州县自行立议摊捐及前后任互相掣肘之款,司案所不能详者,即调取交代底册、议单、欠据,层层考核,才得条

---

① 《陶文毅公全集》,卷四十一,页一五~一六。
② 同前书,卷六,页二。

分缕晰,澈底查明,并将原报舛错者悉行厘正,遗漏者悉行补出。① 如是者,费时一年,始得分造款册,呈送巡抚孙尔准覆核。道光三年正月三日(1823.2.13),陶升任巡抚,乃将款册移交署藩司惠显接办,并将查办情形告知,饬令再加稽核,后经陶氏亲自确核,其中第一期自嘉庆五、九、十四、十六等年至十九年十月止。历经五次清查,原报数目是:亏抵摊捐共银五百五十一万四千七百四十三两,谷米麦豆四万三千四百三十石。复经节次追补,截至道光元年三月止,已完银二百六万五千三百二十九两,又咨交外省查办银一百五十五万五千一十三两,谷米麦豆六百三十六石。故未完者共银一百八十九万四千四百一两,谷米麦豆四万二千七百九十四石。其中有几项可以扣除者:(一)有款可领,应由司划收银五万三千五百二十四两,(二)豁案内已奉准免银二十二万二千五百六十九两,谷米麦豆一千七百石,(三)前抚孙尔准查明覆奏请免银一百四万九千五百六十二两,谷米麦豆一万五千四百九十三石,(四)原报列抵垫完民欠一项并林泰增监追无完银款应归另案追赔银二十六万一千五百九十八两,谷米麦豆一万一百三十八石。扣除此四项外,尚有未完银三十万七千一百四十八两,谷米麦豆一万五千四百六十三石。陶氏在皖时,曾追完银二十八万七千九百五十四两,谷米麦豆一万五千四百六十三石。故在皖各员仍应追银一万九千一百九十四两,内除周之桂呈缴房屋作抵银三千三百九十一两,实应追银一万五千八百三两,为十九年以前亏缺完欠之确数。第二期则由嘉庆十九年十月至二十五年年底止,查出从前漏报及续经亏抵各款,共银五十七万六千七百七十七两,钱一百九十七千,谷米麦豆二万七千五百九十九石,内中可予扣除者:(一)有

---

① 《陶文毅公全集》,卷六,页二。

款可领者十七万二千五十一两,(二)有物可变者一万七千一百八十一两,(三)有款可以征扣归补者十万三千九百四十四两,谷豆一千六百七石,(四)有款可以追解归补者六万八千九两,钱一百九十七千,谷米麦豆八千七百五十四石,(五)有因公垫用在此县为抵款,在彼县为捐款,应俟查免案内销款划还者九万八千二百五十一两,谷米六千四百十石。以上五项共银四十五万九千四百三十六两,钱一百九十七千,谷米麦豆一万六千七百七十三石。故计嘉庆十九年至二十五年,实亏缺仓库正杂钱粮共银十一万七千三百四十一两,谷米麦豆一万八百二十六石,总计嘉庆二十五年以前亏银十三万三千一百四十四两,谷米麦豆一万八百二十六石。① 这是陶澍对于安徽自嘉庆二十五年前历年烂账所整理的结果。由于亏欠之原因多系因公赔累以及冲途歉区入不敷出,辗转挪垫所致,并非都是侵盗入己,所以陶澍仅令下列各员定限归还:亏数在一万两以上之原任宁国县计参知县苏景眉等二员,五千两以上之原任定远县候补知县任虑衡等七员,三千两以上之原任六安州颍州府同知恒山等八员,一千两以上之原任霍邱县降革知县李宝中等十九员,一千两以内之原署绩溪县试用通判傅怀江等二十六员。若限满未完,则查抄变抵监追治罪。至于现亏之员兼有旧欠者并数勒追,不准另起追限。②

  陶澍认为要追补旧欠,必先杜绝新亏,而杜绝之法,须严交代、提存库、减捐款、禁流摊等,最重要的还是减捐款。当时州县的捐款名目不一,皆系办公不可少之件,各州县捐款为数甚巨,又有弥补节省津贴等项名目,③多者数千,少者数百,各州县养廉无几,积久自然发

---

① 《陶文毅公全集》,卷六,页二~五。
② 同前书,卷六,页五~六。
③ 同前书,卷六,页六。

生亏空。所以陶澍在布政使任内,即将州县捐款分别应裁应减,核数归提解三成养廉,并通饬各属将私议流摊之款永远禁革,凡遇交代,务将现存银两悉数批解册内,不许混列存库,滥行接受,而实在冲途亏缺办公赔累之潜山、凤阳、灵璧三处,由陶核定津贴银数,经前巡抚孙尔准奏准实行。[①] 其后陶澍在巡抚任内又拟订追补章程,其要点为:

(1)立限勒追已清亏款,以重帑项:其数在一千两以内者,暂免议处,勒限一年全完;一千两以上至三千两者,降一级留任,勒限二年全完开复;三千两以上至五千两者,降二级留任,勒限三年全完开复;五千两以上至一万有零者,革职留任,勒限四年全完开复。逾限无完及完不足数者,革职监追查抄备抵,抵不足数者,勒限一年,全完免罪,如再无完,除本员照例治罪外,所有欠项仍照挪移定例,在于从前历任各上司名下分赔归款。

(2)区别追补人员限期:追补人员内有升任道府以上者,亦有候补、试用、丁忧、告病、降革无缺者。陶氏请将升任道府以上人员照现任限期酌紧一半,候补、试用、丁忧、告病、降革无缺人员,照现任限期酌展一半,逾限无完者,照现任章程一律办理。丁忧、病故、降革等员,如有子孙出仕,系现任知县以上者,亦照现任定限著追,如系候补及知县以下者,均酌展一半限期追缴。

(3)立限追缴上司分赔银两:应将该管上司赔项查明年月久暂,一体立限赔缴,数在五千两以下者限三年,五千两以上者限四年,一万两以上者限五年,赔不足数,奏明请旨交部分别办理。

(4)交抵物件,勒变归款:凡可抵款之物,应著落现任之员赶紧变

---

① 《陶文毅公全集》,卷六,页六~七。

缴，一千两以下限半年，一千两以上限一年，三千两以上限二年。变不足数者，著落原抵之员与承变之员各半分赔，如有意延宕全不变缴，以致房屋坍塌、什物霉烂者，咎在承变之员，即著落独赔。

（5）书役借欠，分别追赔：书役借欠无论银数多寡，概限二年，在原欠书役名下严比追完，逾限无完及完不足数照例治罪，一面抄产变抵，抵不足数，著落原借之员名下赔十分之六，惰追各员名下赔十分之四。

（6）仓项宜核实买补：仓项有缺，从前采买系按照州县缺谷之多寡发价买补，如谷价昂贵，州县力不能支，往往挪动正杂款项补于仓而缺于库，陶澍认为与其多买而不能交，有名无实，不如稍宽时日分作数次买补，买量少则挽运易，即有赔贴，在州县亦易于为力，使仓项渐以充实，而库项亦不致亏挪。

（7）禁革流摊：各州县流摊如垫修衙署、仓厫等，为正项致亏之一大端，流摊一日不止，积弊一日不除，故陶氏定议，嗣后不准再有流摊名目，违者前后任一并严参究追，如该管府州批准流摊，或经监盘说合私议流摊者，查出一并参处。

（8）严提捐款：各州县捐款经陶澍裁减后，捐数仅在二百两内外，故通饬各属于批解上忙钱粮时，随同解司备用，如有未清，即于耗羡内划扣。

（9）严存库款目，以重交代：陶澍认为从前州县交代册内每将前任短交之款，列作存库造报，以致亏缺，故定议嗣后州县交代册内，不准开列存库，如已报入清查者，或亏或抵，均于册内逐一载明，倘有应领银款作抵交项者，亦于册内明晰登注。

（10）交代案内禁有议单欠票：从前各员交代时，遇有亏欠，往往以议单欠票作抵，此系州县通融之弊，陶澍定议嗣后州县交代，责成接任之员据实盘收，倘再私立议单欠票徇情接受，一经发觉，即将前后任严参治罪，该管道府州及监盘各官一并查参惩办。①

亏空案之成因，主要由于清代官员薪俸微薄，无法维持官场庞大开销，如垫修衙署、仓厫、监狱、驿号、桥道、岁科修理考棚、桌凳、缉拿费、设卡巡防、灾垫、采买仓谷、棕毛、桐油、颜料、军需、解银米脚费等，都是例不准销之款，往往禀求本管府州，批准分年流摊，或在交代之际，凭监盘说合，立议分摊，②其实所支之款，皆是正项，为不应省也不能省者。造成亏空之另一原因，为州县征解钱粮弊端太多，增加人民负担，诸如胥吏征多报少、浮收等，人民不堪负荷，即出现民欠，地方官为了考成，往往用公款垫民欠，即所谓"以欠作完"，由于民欠不能缴清，因而亦造成了官吏的亏空。但在陶澍所提章程中，并未能解决此二根本问题。不过由于他能理出安徽钱粮的亏空胶辖，并提出一套弥补章程，仍可显示出他在财政方面处理繁剧的能力。

对于财政的清理，陶氏在江苏巡抚任内，依然继续进行，例如在道光七年四月十五日(1827.5.10)，他向清廷报告，说明清查江宁藩库的情形：

> 查江宁藩库附贮项下借放各款共银二十六万四千七百七十三两零，除有著借款现经放归并两淮运司解还归款共银二千六百七两零外，实该未归银二十六万二千一百六十六两零，内安藩司欠解有著银八千九百二十五两零，苏藩司欠解有著银一万五千四百二两零，两淮运司欠解有著银四万二千七十六两零，江宁巡道欠解有著银三千九百八十七两零，江淮各属欠解并已入清

---

① 《陶文毅公全集》，卷六，页七～一五。
② 同前书，卷六，页一二。

查追补银一十一万二千六百三十三两零,又苏藩司划抵宁库应行放归并已入清查追补银七千四百三十五两零,皆系有著之项,应分别催追归款,实该无著银七万一千七百一十四两零,内除江宁已入二次清查及参案积欠官垫民欠案内奉准豁免银八千二百九十四两零,又安徽省报入历次清查豁免并提解安藩司库经安省借放无著奉准豁免银四千八百三十七两零,共银一万三千一百三十一两零,均系已奉豁免之项,应请就款登销,尚该无著银五万八千五百八十二两零,内江宁有无著银五万二千七百二十八两零,安藩司欠解无著银四千一十九两零,苏藩司欠解无著银一千八百三十五两零,均属无可催追,推究其源,皆系从前历任江宁藩司滥行借放所致,应请著落经借各员名下按数追赔。①

按例若官员有了亏欠,即使本人身故,仍须由子孙代赔,陶澍认为此一规定,笼统而不平允,所以在这年五月十六日,他向清廷建议量为变通,以归核实:

查本员所欠清查案内官欠追赔银两逾限不完参革监追,乃其罪所应得,如本员已故,子孙代赔,究与本身亏挪有间,若概予参革监追,未免漫无区别,况同一代赔之子孙,一经查明家产尽绝,无官者可以释然无累,而有官者即须参追,亦未免事涉偏枯,且各员中贤愚不一,其巧于弥缝者,难免借端以诡取,其急图掩饰者,或竟至挪旧以亏新,至尚未得款各员更属无从设措,即扣其委补加以参追,亦属窒碍,徒增难收实效。……臣细加察核,应请将三次清查案内子孙代赔银款,如查系家产尚丰者,无论有无官职均按银数多寡查照户部承追定例著追,如家产先已查抄

---

① 《军机处档》,第〇五五四四二号。

或虽未查抄而咨查家产实系尽绝无可著追，有官者均准其将现任及署任补官之日应得俸廉全数扣缴，现在本省及在外省之员一体办理，无官可补者，即由本旗籍确查结报，亦照定例办理，庶代赔之子孙不致与亏欠之本员无所区别。①

当时两江财政方面最大的亏欠，是每年向中央政府解交的淮盐税款，淮盐税款其中一部分指定为内务府的"的款"，但是因为淮盐运销不畅，所以此项"的款"往往无着，道光十六年三月二十九日（1836.5.14），陶澍向清廷奏报所以欠解内务府公费息银之缘由：

> 缘两淮欠解内务府利息等款，曾于上年四月接准总管内务府衙门咨催，并粘细数清单，内开自道光十年起至十四年止，共未解银二百四十万一千四百二十七两零等因。即经臣行据前运司俞德渊查明，内有己庚停运案内奏明缓征，并已奉展缓尚未届限及现应照案解交，因纲引未竣，须俟催征起解等项，逐款开照清册，详经臣咨覆内务府查核在案。兹内务府奏开两淮未解各款，自道光十年起至十五年止，共银二百四十八万四千四百六十余两，比较前催银数多银八万三千三十三两零，似系按照前次咨催银款复又添入十五年应解之数，唯内务府清单内未开细数银款，无从分晰。今按前次开册咨报后，除已续经解过外，并增入十五年一年利息等款，截至现在止，共该未解银二百七十六万八千四百十四两一钱七分七厘，内除道光十年停运己庚案内未完利息等款银四十万九百两，系钦差大臣会同奏准，俟盐引畅销再行奏请分年带征，又除乙未年应解利息等银七十七万八千八百八十六两一分，现因该纲引盐仰奉恩准，自丙申起分十纲带运带

---

① 《军机处档》，第〇五五七八三号。

纳，应随同入奏正杂课银按纲分限完交，又除丙申应带积欠参价及乙未奉发参觔变价银四十万一千七百一两五钱六分四厘，现在甫经开办丙申新纲，应俟来年二月先将入奏正课报完后，再行次第征完起解，又除淮北带征戊子等纲引费银四千六百八十七两七钱七厘应照案俟丙申等纲分限带征起解，又除甲午年利息参价银五十四万九千六百五十六两八钱二分四厘，应俟找报甲午奏销分数全完后再行起解，又除乙未淮北正带引费银七千二百五十三两八钱五分四厘，应俟本年岁底淮北乙未奏销后照案解交，计现在应行解交利息各款，除已委解二万五千两外，仍应照数起解壬辰参价、癸巳利息参价、甲午利息等银五十九万四千四百五两四钱一分八厘，并无二百四十八万四千余两之数，且臣自到任以来，代完戊子己丑参价、新疆经费及己丑庚寅停运加觔带课等银，共计二百六十万六十余两皆系从前积欠，并非臣任内之事，带完既未届限，引盐亦未畅销，臣为先期带征而本任欠解各款，现经内务府奏催者多因前项银两占碍反致无以应解，实缘两淮应征正杂课银向分请呈加三次完纳，正课应归奏销，杂课须俟引盐捆运到仪解捆开江始能按款完清，且请引有多寡之不同，运盐有迟缓之或异，完纳不无先后，拨解因以稍稽。[①]

由上所引，可知陶澍于欠款中之应解、未解、应扣除款、应缓解款等，分晰十分清楚，并坦诚说明其不能挪垫，由此可见陶澍整理财政之坚持原则，不愿迎逢清廷：

> 此实两淮旧制如斯，并非稍存延宕，若仍照向例由两淮正款筹垫照数解交，势必借垫挪移库款又滋套搭，一遇部饷紧急，本

---

① 《军机处档》，第〇七〇七〇九号。

款无可交纳,从前豫纳、减纳、贴色、贴息诸弊又将接踵而至。况现准部拨京协河工各饷一百五十余万,已将正款尽数动拨,实亦无从挪垫筹解。臣受恩深重,非不知经费有常,此项应解广储司银两关系办公急需,惟课随盐出,盐视岸销,亦只有紧催运售按限完解,实不敢轻挪正课暂应杂款,致部饷转形支绌。①

对于应免款项,凡在政府规定以外者,陶澍亦往往为民争取。例如道光十七年正月八日(1837.2.12),他为江苏若干州县的杂款钱粮,援例请免,他说:

> 伏查各属杂款钱粮,如狱田、义田、抄案入官田亩等项应征租籽,本应按年清完,不容拖欠,其未经入额之新升芦课,亦当随时照数完足,以裕课赋。惟江苏系积欠之区,民力拮据,以致应完各项租课历年均有积欠,今节年民欠钱粮业蒙恩旨全行豁免,此项未完租课自应推广皇仁一体查办。②

兹将他所请豁免的州县及数目如下:

> 江淮等属江浦、江都、通州、泰兴、海门等五州厅县,自嘉庆十七年压征十六年起,至道光十年压征九年止,共未完未入额新升芦课正耗银九千一百八十二两七钱五分九厘;又江宁、六合二县,自嘉庆十二年起,至道光六年止,共未完狱田佃欠租银四十九两五分,米九十九石二斗二升。苏松等属民欠未完狱田、义田,并抄案入官田亩米麦一万一千六百九十二石九斗四升六合一勺五杪,沙洲租息等银一万七千七百九十八两九钱六分一厘,

---

① 《军机处档》,第〇七〇七〇九号。
② 《道光朝宫中档》,第〇〇〇二九六号。

钱三千四百二十八千四百一十七文。①

此外，于户部误解地方财政之情形，也每能据理力争，例如江苏省内有官方暂垫民欠之款，以道光十年以前的总数向政府报备，但是牵涉到道光十一年至十五年的动缺银两，户部以为其中必有弊病，"难保不为属员消弥亏空地步"，因奏请敕下督抚等划清界限，更正银数，将册开十一年起至十五年止动缺银四十万二千二百九十四两三钱二分二厘，即饬在于原动缺各员名下勒限一年先行赔缴库贮，不准归入摊补，果系民欠，仍于民欠户下照常催征归偿。② 陶澍接到户部驳饬公文后，即上奏解释道：

> 臣等伏查各州县垫完钱漕并非尽由于规避考成起见，实缘江苏赋重户繁，即岁获丰登已不免畸零尾欠，况自道光三年以后灾歉频仍，以致积逋愈多，动垫愈重，此等致垫情形历经奏邀圣明鉴察，其垫完民欠不能与动缺年限相符者，由于辗转递那之故，即如甲年民欠漕尾那动甲年之存库垫解，迨甲年存库届当完解，而所垫之民欠尚未追完，又不得不那动乙年之存款垫解，似此年递一年，以致动及十一年以后之款，此辗转递那年限不能相符之实在原委也。年限虽属不符，要之所垫之款皆系十年以前之民欠。就苏属十年以前总数核计共有垫完一百二十五万九千二百余两之银数，即有动缺一百二十五万九千二百余两之存库，除归入清查追补银六万八十五两零，尚有动缺银一百一十九万余两，内除十年以前银七十九万一千三十三两零，其余银四十万

---

① 《道光朝宫中档》，第○○○二九六号。
② 《道光朝宫中档》，第○○二三二五号。

二千二百余两即系辗转递那十一年以后之款。①

所以请求清理：

> 准将道光十一年以后递那致（动）缺银四十万二千余两，仍于原请摊补案内按照缺分大小酌予均摊，分限提补归款，庶几库贮得归有著，官民均无流弊。②

由上可知陶澍对江南财政之整理，清晰而精细，该缴则缴，该赔则赔，该免则必请免，既不挪用，又不徇情，所以在他任内，两江的财政，得以渐趋正常。

第二节 漕务之整顿

一、漕弊之革除

陶澍在安徽藩司任内，曾改革部分山区的漕弊。太平、宁国、旌德等三县不通水道，其漕米例由民折官办。陶澍为了防止借垫，引起积弊，乃奏请仿江苏嘉定等县例，即于道光四年（1824）为始，每年就附近产米地方，按照时价，于司库正项内领银采买，其运脚确计道里支给。以十一月为限，出示晓谕，按数起征，次年二月征完还款，如逾限未解，即将经征接征各职名分数随同地丁钱粮奏销时另册开参，按照未完分数议处，③于是安徽漕运之积弊得以革除。

及陶澍调任江苏，又对江苏的漕务，大事整顿，首先是革除漕弊。

---

① 《道光朝宫中档》，第〇〇二三二五号。
② 同前书。
③ 《钦定大清会典事例》，李鸿章等撰，宣统己酉版，商务印行，卷二百二，页四。

江苏漕务之弊,前已言之,大抵在征收时人民每苦浮收,而州县则又患刁抗。陶澍整顿的方法,首先便是禁止浮收,禁止帮船加索津贴,并设法调剂旗丁。其调剂之法为帮船重运本可例带土宜一百五十担,回空可带八十四担,陶澍奏准每船重空二运各可添带若干担以资贴补。① 再次为节省人员,往例为了催重趱空,设有漕委各员,但沿途星罗棋布,人数太多,难免需索,实为丁船之累,陶澍按例酌委,不予多派,以杜滋扰。②

对于生监之包漕,陶澍深知"积弊已深,人繁势众,一经整顿,群然觖望,大则纠众闹漕,小则造谣兴谤,而京控之案必且纠纷更多",③ 但他还是不避嫌怨,勇于任事,一面严禁衿棍包漕,粮户大小一例兑收,一面通饬各州县严革蠹书,不许入仓,如敢仍前纵恣,立即提省究办,如遇控告漕案,必须先查其是否粮户,有无抗欠,方可酌量准理;或有漕而米未交清,当饬令完漕,再予审办;集审时或原告避匿,或不候讯结,潜逃蓦控,无论审虚应办,即所控不为无因,亦当治以蓦越刁讼之罪,如此使衿棍无可挟持,陋规乃革。④

陶澍于革除征收方面的漕弊之外,复体恤山区农民,降低他们的漕粮成色。漕粮例收粳米,他查明江宁府属句容县山多圩少,道光五年夏间得雨稍迟,该县农民种籼者居多,乃于道光六年正月七日(1826.2.13)奏准将句容县之道光五年漕粮仍然籼粳并纳。⑤

漕粮在运输时,有两弊颇为严重,一为漕船夹带私货,如米及木

---

① 《陶文毅公全集》,卷七,页一～三。
② 同前注。
③ 《陶文毅公全集》,卷七,页八。
④ 《军机处档》,第〇五八九一五号。
⑤ 《清宣宗实录》(三),卷九十四,页六。

материал等。按往例,江广船只可带土宜一百八十石,船旁跨木例准高宽各二尺之多,免其运费税银,恤丁不为不厚,然帮丁、舵手每于例惠之外,仍复多带包揽,甚或违例于艄后拖带木植闯关漏税,虽照例一经查出,即截留或遵例拆卸,或留丁补税。陶澍则认为"为时已属稽迟,于漕行大有窒碍",乃拟定江广帮船过关查验章程,其内容大致为:(1)湖广船只向于九江上游田家镇、武穴等处为齐帮之所,九江关委员往彼查验粮船所带木植高宽已足二尺,即会同押运厅弁及地方官将客贩木簰封固,俟粮船开行再行开封,以杜夹带。应于查验后,即开具货单于漕艘过关时,委员按单严查给票放行。(2)江西帮船只于九江姑塘上游青山地方为候风之所,向由江西粮道饬丁开明货单陆续赴关报验,应由九江关立派员役赴青山,亦按单查验给票放行。(3)以下芜湖等关即照前关所验之单按船迎验给票,不准一日停留,如查有例外多带及艄后拖带木植,立时核明应税银两,即于印票内当面注明发给放行,不必拆卸,亦不必留丁质,统俟帮船过竣,将何丁船只违例多带之处,由关汇报漕督查核,并移各粮道将应纳税银照数追齐解关归款,仍将押运员弁参处、丁舵治罪。如各关员役需索留难,准各省粮道飞禀以凭,严饬立时放行,仍将失察之各关监督奏请议处。倘径直过关,不候给票,立即具禀从严惩办。① 此章程经宣宗准照施行,于是丁舵知所儆畏,员弁各顾考成,关税不至短绌,而漕船亦无阻行程。

  漕粮在运输中之另一弊端为水手之不法滋事,江浙帮粮船水手多雇自他省,此辈类皆无籍之游民,性情犷悍,甚至习惯于为非作歹,均由习教之老管师父招雇上船,各分党与,恃众逞强,藏匿刀械,时常

---

① 《陶文毅公全集》,卷七,页五二~五四。

互斗杀伤,劫夺行旅,运弁既虑生事端,旗丁复受其挟制。其沿途州县营汛各员弁,又因漕船行走不准停泊,即有械斗抢劫各案,只得将就了事,免误漕行,因而化大为小,化小为无,以致该水手等,有恃无恐,肆行无忌。陶澍认为"若另募良善不任盘踞,诚为拔本塞源之计。惟江浙人多懦弱,于撑驾笨重军船本非所习,且军船水手每帮多者数千,少亦不下千余,一时恐难更换。况该水手之争夺仇杀,本为争窝而起,若换懦弱之人,必遭其鱼肉,若换强梁之人,仍然以暴易暴,转滋事端。至于防范之法,漕运则例原载有雇募时正丁取结,十船连保,户部则例亦载有头舵水手,互保具结,及各给腰牌等语;皆只可以防良懦而不足以戢凶暴"。乃主张"更换另募,必须行之以渐,而禁暴除奸,惟当持之以严"。据此而议定约束水手章程,其要点为:

1. 严查凶器:长刀、利矛、火枪、抬枪,不准私藏。

2. 严置重典:定例漕船水手伙众十人以上执持凶器抢夺,为首者照强盗律治罪,为从减一等,如十人以下又无器械者,照抢夺律治罪。陶澍认为此例专为抢夺而设,而且必须十人以上。至于劫夺杀人及仇杀惨之犯,应无论人数多寡,审明得实,即恭请王命正法。但经杀人即请照强盗律立正典刑,游帮匪棍,冒充水手,劫夺伤人,持刀拒捕,亦即照办,其藏有火枪、抬枪者,虽未点放伤人,亦应从严加发新疆。

3. 酌宽处分:粮船过境,地方文武俱有催趱之责,一经停泊,例有处分,而粮船水手即因以为挟制之端,以致逞凶无忌。陶澍认为嗣后水手杀人滋事,地方官闻信查拿,如罪人已得,自应将粮船催令前行,倘敢倚恃人众,不服查拿,停船抗拒,即一面禀知漕务本管各官,将该船暂泊,以便查拿惩办,俟交出凶犯再令开行,倘敢弃船走散,即另雇水手驾送,尾随各帮行走,不必拘定本帮,仍将拿办认真之地方官邀免处分,庶凶恶水手无可挟制,而查办可期得力。①

该章程于道光十五年十二月提出,宣宗著有漕各省督抚、漕督及沿河各督抚照办。②

由上述章程中之严刑峻罚,充分表现陶澍整顿漕务态度之坚定。

此外,陶澍整顿漕运时,对于运输方面,并注意到漕船之回空。回空漕船因京口冬底水枯浅滞,或车水灌塘,或筑坝罱捞,或截留江外,故多滞留京口,迟至春间开坝,始得回归。自嘉庆九年(1804)以后,有人建议回空漕船由横闸口行走,不必留在京口,但船户皆以江路险阻为辞,不愿改道。甚至船已试行仍复截回。道光八年十一月十六日(1828.12.22),陶澍带同护理苏松粮道陈銮,亲至镇江,督同地方官逐一查勘,发现自京口至甘露港三里,甘露港至象山五里,象山至横闸江口十二里,此二十里中沿江南岸均系芦滩,多有纤道。中间惟象山一处下系石脚,不能上纤,其长不及一里,风顺一帆可过,江船亦能带行。对面即系焦山,冬令水浅,并无急溜。此一南岸航道并无险阻,商民船只往来不绝。③ 乃饬令该府县多备熟谙江船引带,遴委文武员弁押送,先于十八日将松江府属之兴武八帮船二十七只、兴武七帮船一只,由京口开行,十九、二十日,仍每日进船十余只。而陶澍本人带同属员由江口乘船逆流而上,至焦山高处观看,发现焦山北岸水平无石路,亦可通行。遂又将松白帮船四十五只由北岸用纤东行,计自瓜洲大口五里至佛绔州,又十里即焦山北岸,又五里益课洲转南十里与横闸江口对渡,逾时即至。④ 由于两岸皆可行走,故至十

---

① 《陶文毅公全集》,卷七,页五五~五九。
② 同前书,卷七,页六〇。
③ 同前书,卷七,页三五~三六。
④ 同前书,卷七,页三六~三七。

二月初九日江浙帮船一千一百三十六只均安稳遄渡,①对于漕运顿开捷径,不特回空迅速,亦可免粮船水手聚集滋事,兼得腾空赶办挑河,于明年新运事宜大有裨益。

二、试行海运

陶澍对漕运改革方面最大的贡献,不在除弊而在海运之试行。

海运者,指从海道运输漕粮而言,此制始于元代,明初亦一度行之,因风浪大,容易失事,至永乐年间会通河凿成,乃改为河运。②清沿明制,江南每岁漕米四百万石均赖运河达于京师。惟运河水浅,时虞不通,加以黄河屡决,动辄淤塞,使漕河节节寸断,步步难行。为使漕运不断,乃以盘坝接驳,或以借黄济运。然借黄而黄转病,济运而运更阻,而驳运之法糜帑病民尤甚。故积年相习,始终没有良策。河运天然之困难既如此,而人为之弊患更为严重,诸如运军之勒索、州县之浮收、仓吏之中饱等等,不一而足。故漕运为有清一大弊政,于是海运之说重起。

先是康熙三十九年(1700),清口淤塞,运道不通,圣祖曾以海运交部臣议奏。河道总督张鹏翮奏称,清口淤塞之处,如再加疏浚,来岁漕船,自可通行无阻。乃下令闭六坝,浚运河,不久运道大通,于是海运之议息。③雍正时,太学生蓝鼎元又提出海运方案,他说:"臣以为海运之法,在今日确乎可行。请先拨苏松漕粮十万石试之。遣实心任事之臣一员,雇募闽广商船,由苏松运到天津,复用小船剥载通州,视其运费多寡,与河漕相去几何?若试之而果可行,请将江南、浙

---

① 《陶文毅公全集》,卷七,页三九。
② 《江苏海运全案》,贺长龄等辑,道光间刊本,卷一,页七。
③ 《皇朝经世文编》,贺长龄编,1972年文海影印,卷四十八,页四~五。

江沿海漕粮改归海运。河南、湖广、江西、安徽仍旧河运。特设总督海运大臣一员,驻扎上海崇明等处,兼督三省水师军务,将江南、浙江、山东水师官兵,改归统辖调遣,巡哨诸洋,三省海洋盗案,专其责成。……伏思海运最为便捷,节劳省费,而向来无有筹及者,一则由不知海道,一则畏风涛漂溺,一则虑在洋盗劫。今数者俱可无虞,且不独粮艘宴安,凡商民皆蒙其福,是诚可行者也。"① 可是他的提议,并未被世宗采纳。直到嘉庆八年(1803),给事中萧芝又提出实施海运计画,仁宗将其计画交给浙抚阮元,由他考虑是否可行。阮元接谕旨后表示异议,其理由为"浙西地狭民稠,盖藏不足,向皆仰食客商接济。连年荒歉,买米补仓,若再采买,恐妨民食。况海运经数百年不行,猝支国帑,轻试风涛,非慎重之道。米多则未能猝办,米少则于事无济,未便举行"。② 海运之议,又被否决。嘉庆十五年(1810),由于运道日渐阻滞,仁宗"不得不作万一之想",乃于二月二十八日下令两江总督松筠、苏抚章煦、浙抚蒋攸铦等筹议试行海运事宜。③ 四月苏抚章煦奏称"江苏惟大号沙船尚可带运,然约计运费每一百石需银三百两,且商船不能安设气筒,易致霉变,事属难行"。④ 未几,两江总督勒保、浙江巡抚蒋攸铦等亦以海运不可行者十二事覆奏,略谓"海运既兴,河运仍不能废,徒增海运之费。且大洋中沙礁丛杂,险阻难行,漕粮为天庾正供,非可尝试于不测之地。旗丁不谙海道,船户又皆散漫无稽,设有耽延,所关非细。海运需用船,不论造船或雇船,均需费

---

① 《皇朝经世文编》,贺长龄编,1972年文海影印,卷四十八,页八。
② 《清史列传》,卷三十九,页二〇;《清仁宗实录》(三),卷一百二十五,页一一~一三。
③ 《清朝续文献通考》,刘锦藻撰,民国二十六年上海商务印行,卷七十七,考八三五一;《清仁宗实录》(五),卷一百二十六,页二五~二六。
④ 《清朝续文献通考》,卷七十七,页八三五一;《清仁宗实录》(五),卷二百二十八,页七~八;《清史列传》,卷三十二,页三五。

不赀,且须添设水师防护,在在需费"。① 仁宗乃有谕旨云:"海运既多窒碍,惟有谨守前人成法,将河道尽心修治,万一河湖盈绌不齐,漕船不能行,惟有起剥盘坝,或酌量截留,为暂时权宜之计,断不可轻议更张。所谓利不百,不变法也。"②自是终仁宗之世,无有再言海运者。

道光四年冬,南河黄水骤涨,高堰漫口,清水宣泄过多,自高邮、宝应至清江浦,运道梗塞,漕船受阻,中外争言济运之策,或主借黄济运,或主盘坝接驳。自春徂夏,借黄、盘坝之法俱穷,而河道之不通如故。漕船仅二千余艘得以渡黄,其余四十余帮均难北上。京师军粮民食大受影响,于是海运之议再兴。五年二月五日(1825.3.24)宣宗下诏云:

> 从前海运之说,历据臣工条议,有谓可以试行者,亦有谓断不可行者,迄无定见。果系河流顺轨,漕船自可照常由内河行走。如必欲舍河运之成规,轻冒洪波之巨险,一切更张旧制,固属势所不能,然漕粮为天庚正供,所关非细,设将来运道竟至淤滞,各帮船因而迟误,该督抚等身任地方,岂有束手无策,不为设法运京之理? 自应未雨绸缪,另筹妥办。朕思江苏之苏松常镇,浙江之杭嘉湖等府属,滨临大海,商船装载货物驶至北洋,在山东、直隶、奉天各口岸卸运售卖,一岁中乘风开放,每每往来数次,似海运尚非必不可行。朕意若将各该府属应纳漕米照常征兑,改雇大船沙船,分起装运。严饬舵水人等小心管驾,伊等熟

---

① 《清朝续文献通考》,卷七十七,考八三五一~八三五二;《清仁宗实录》(六),卷二百四十,页一一~一五;《清史列传》,卷三十四,页一七。
② 《清朝续文献通考》,考八三五二;《清仁宗实录》(六),卷二百四十,页一六。

习水性,定能履险如夷,所有风涛之警,盗贼之事,亦可无虑,惟事系创始,办理不易,然不可畏难坐视,漠不相关。①

令两江总督魏元煜、漕运总督颜检、江苏巡抚张师诚、浙江巡抚黄鸣杰等各就辖境情形广咨博采,通盘筹画,②并令各大臣详切讨论漕运方法。谕旨既下,朝廷大臣议论纷纷。有主河运者,以大学士孙玉庭、两江总督魏元煜、漕运总督颜检、江苏巡抚张师诚、河道总督严烺等为代表。孙玉庭首先提出治理河道方法。宣宗接此奏疏后,认为孙玉庭等所奏情形,不过以"分投督办,竭力催趱"为词,③而"当此漕务吃紧之际,定应胸有成算,岂可以虚言搪塞,竟无一结实把握之语"。④可见宣宗对于漕运之关心,亦可看出当时漕运之困难情形。四月二日(1825.5.19),魏元煜等上疏亦言明实施海运之困难,并称以盘坝接运较之海运更为安全,而且更为节省。⑤宣宗接到他们的奏折以后,认为海运既不可行,那河运盘坝事宜自不可不想办法筹划。

五月十日(1825.6.25),孙玉庭等奏,酌议漕粮盘坝接运章程,并称运米二百万石,计算经费共需银一百二十万两。⑥宣宗虽认为花费太多,但孙玉庭等皆为办漕大臣,不得不答应,并告诫曰:"孙玉庭等惟当激发天良,加意撙节。凡今岁回空,开年重运,应办事宜,务当及早筹画。勿得昧于机宜,又致临事周章,动辄请帑,以有常之经费,填

---

① 《清宣宗实录》(三),卷七十九,页九;江苏海运全案,卷一,页一~二。
② 《清朝续文献通考》,卷七十七,考八三五三。
③ 《清宣宗实录》(三),卷七十九,页二二。
④ 同前注。
⑤ 同前书,卷八十一,页三;江苏海运全案,卷一,页三。
⑥ 同前书,卷八十二,页八。

无底之溪壑也。"①同时又令孙玉庭赴清江,与颜检会同办理漕务。然一直到五月底,盘坝剥运之结果,各省漕船仅过二千八百十八只。此外未渡黄者,尚有四十余帮。道光帝乃下令将孙玉庭、魏元煜、颜检、严烺等俱著交部议处。② 六月二日,孙玉庭赏给编修休致。漕督颜检失职,降二级,以三品衔休致。魏元煜、严烺二人则降级留任。③

　　河运之改进,既不见效,海运之说因而转盛,其中对于实施海运坚持最力的是协办大学士户部尚书英和。当运河阻绝不久,道光五年四月十日(1825.5.27),英和即奏请"暂雇海船,以分滞运,酌折额漕,以资治河",略谓"河道既阻,重运中停,河漕不能兼顾,惟有暂停河运以治河,雇募海船以利运,虽一时之权宜,实目前之急务。盖滞漕全行盘坝剥运,则民力劳而帑费不省;暂雇海船分运,则民力逸而生气益舒。国家承平日久,航东吴至辽海者,往来无异内地。今以商运决海运,则风飓不足疑,盗贼不足虑,霉湿侵耗不足患。以商运代官运,则舟不待造,丁不待募,价不待筹。至于屯军之安置,仓胥之稽察,河务之张弛,胥存乎人。矧借黄既病,盘坝亦病,不变通将何策之从?臣以为无如海运便"。④ 宣宗令有漕各省大吏筹议。英和并于五月二十二日奏陈雇商分运及折漕治河各章程。宣宗亦将其折交给有漕各省大吏阅看。⑤

　　此时在地方大吏中,主张海运者颇不乏人。但以甫经到任的江苏巡抚陶澍与两江总督琦善等,态度最为肯定。他认为英和的主张

---

① 《清宣宗实录》(三),卷八十二,页八～九。
② 同前书,卷八十二,页二九。
③ 同前书,卷八十三,页二～三。
④ 《江苏海运全案》,卷一,页四～一五。
⑤ 同前书,卷一,页一六～二三。

"诚识时之要著,目前筹运之策,无逾于此"。① 但他并非主张全漕由海运,而是部分海运,即江苏苏、松、常、镇、太四府一州的漕粮由海运津。他认为专办海运,则恐商船之不足,专办河运,又恐清水之难恃,只有两者相辅而行,可期无误,而且米运既分,则运道舒而治河亦易,为有备无患之道。②

两江总督琦善亦赞成海运,他在山东巡抚任内,即曾上疏"海运可以暂行缘由",认为"河不治则漕不行,舍海运一策,实别无良法"。③ 及督两江后,遍行咨访,亦佥以为海运可行。④

河南巡抚程祖洛于覆奏海运疏称"同乡贩运茶叶赴京暨关东售卖,向系装至江苏上海县,雇觅沙船运送,闻其船式,与粮船相似,而坚实过之,船户水手,素习海洋水性,兼能预知风信。……又有籍隶锦州服官豫省之员,亦言关东船商,每年装运豆石,赴江南售卖,习以为常,行走直同内河,似未有商运可行,而官粮转不能行者"。⑤ 故亦主张海运。

除地方大吏外,尚有很多学者颇为倾向海运。自然对有关大吏,会发生相当的影响。如魏源在其《复魏制府询海运书》中,云:

> 海运之事,其所利者有三:国计也、民生也、海商也。所不利之人有三:海关税侩也、天津仓胥也、屯弁运丁也。而此三者之人所挟海为难,使人不敢行者亦有三:曰风涛也、盗贼也、霉湿也;所挟人为难,使官不能行者亦有三:商船雇价也、仓胥勒索

---

① 《陶文毅公全集》,卷八,页三。
② 同前书,卷八,页四~五。
③ 同前书,卷一,页三三。
④ 同前注。
⑤ 《皇朝经世文编》,卷四十八,页二一。

也、漕丁安置也。必洞悉夫海之情形与人之情伪,且权衡时势之缓急而后之,难行者无不可行且不得不行。①

又如钱泳在其《履园丛话》中亦曰:

> 查上海、乍浦各口,有善走关东、山东海船五千余只,每船可载二三千石不等,其船户俱土著之人,身家殷实,有数十万之富者,每年载豆往来,若履平地。……况近年海道清平,百无一失,因风乘便,不劳人力,而所费无多,既省朝廷治河治漕之弊,又省州县陋规帮费之烦。②

又如施彦士(字朴斋,江苏崇明人,道光元年举人,生平究心实学,专以经济致用为主)在其《海运议》中,云:

> 今开海禁百三十余年,江浙滨海,多以船为业,往来天津,熟习有素,皆踏勘之人,即皆历试之人,无庸另募屡试,其便一。昔人拟于昆山、太仓起厂造船,然一经官造,率虚器不堪用,今沙船大者二三千石,小亦千余石不等,慕其坚致牢实百无一失,无庸另造,其便二。又漕运多置攒督官员,今即择船户殷良者督之,无庸另委,反多掣肘,其便三。其雇价似可照沈廷扬议,每石二两六钱,折合苏石六百余文,即以造船银,及旗丁行粮给之,已省其大半,无庸另开帑藏,其便四。③

可见海运为一般不涉及己身利害,心怀经世之知识分子所一致支持。由于河道盘运又毫无进展,在众议所趋之下,宣宗遂下令

---

① 《皇朝经世文编》,卷四十八,页二三。
② 《履园丛话》,卷四,页一二。
③ 《皇朝经世文编》,卷四十八,页一四。

道光六年(1826)江苏苏、松、常、镇、太四府一州漕粮,悉由海运至天津。①

两江总督琦善与陶澍覆奏,主张江苏漕粮部分海运,余仍由河运后,即派布政使贺长龄赴海口筹议海运章程。② 五年(1825)七月陶澍亲赴上海招集商船,不久,设海运总局督办,以川沙厅同知李景峄、苏州府督粮同知俞德渊董其事,雇沙船、蜑船、三不像船(见85—90页附图)等船装运,③一面又遣道府丞倅先赍案册及经费十余万两由陆路赴北,与直隶执事官各设局天津。④ 九月二日,陶澍与江督琦善、漕督穆彰阿会奏海运章程六条:

一、沙船运送漕粮交兑盘量难免折耗,应酌给耗米也:查苏松常镇太四府一州每年起运漕粮,例给旗丁耗米共一十八万余石,原以备折耗食用之需,此次雇用沙船运至天津,食用折耗势所不免,亦应酌给耗米,俾免赔偿之累。惟海运较河运为速,自当量为节省,毋须与漕船一例,应请每白粮一石给耗米一斗,糙米一石给耗米八升,即于例给旗丁耗米内动放,通盘核计可节省耗米六万余石。应令随同起运正耗米石一并由沙船运送到津,以实仓贮。

一、海运漕粮如无故短少霉变,应令沙船赔补,以专责成也:查向来商船揽载客货,偶有遭风松舱等事,卸载后验明大桅已斫,实系遭风,免其赔补。倘大桅未斫,所载货物霉变短少,即责令赔补。今装运漕粮更宜核实,应请于沙船到津时,如果验有斫桅松舱及伤毙人口情事,自应查照粮船失风之例,奏明免其赔缴,并照例优恤。如并无

---

① 《清宣宗实录》(三),卷八十八,页一〇~一一。
② 《江苏海运全案》,卷一,页三四。
③ 《道光丙戌海运记》,载于《江苏海运全案》卷末,页三。
④ 同前注。

事故而有短少霉变等弊，即令于备带余耗米内如数补足，再有不敷，勒令买补，以专责成。

一、验米交米应专派大员经理也：查海运漕粮上海为总汇之地，验收兑装责任綦重，届时应由臣等奏明派委道府丞倅四员，先于各州县剥米到次时，会同苏松太道逐一盘验，必须干圆洁净升合无亏，秉公斛量兑收，每船于正米内提出样米一斗，装贮木桶黏贴印花，即交沙船带津，所派道府于验米后饬令各带佐杂一员，由陆路赶赴天津，俟沙船一到，将原封米样禀请钦派验米大臣在于沙船比验，一经兑交剥船，即与沙船无涉，该沙船以关东装豆为正载，惟虑交米稽延致误豆汛，且须急驶回南，以备二次接运漕粮，应请敕部议定沙船到津在东门外交兑，定限几日收竣放行，并请敕下直隶督臣先期多雇剥船，在天津东门外守候，俾沙船随到随卸，不致羁累误运，至北坝交兑向有应给银米各款，除粮道衙门应解轻赍席木等款，仍照例解交外，其由津赴通船价饭米及茶果个儿钱经纪书差饭食一切载在漕运全书各杂费，并天津道起剥工食等项，计以旗丁到通应领银米等款拨抵之外，尚有不敷沙船只有水脚，势不能照旧给与，而各项人役日食所需，亦不可不稍资津贴，容另行筹画解赴仓场等衙门分别给发。

一、海运漕粮宜饬沿海水师会哨巡防也：查沙船受载漕粮运至天津交卸，洋面辽廓，防护宜周，除江南沿海水师由臣琦善移行提镇将弁统巡分巡外，应请敕下山东直隶督抚臣，转饬沿海水师提镇各按汛地多拨哨船，分派将弁兵丁巡防护送，夜间于岛屿处所多挂号灯，日间多竖号旗，俾商船停泊守风，不致迷于所向。臣琦善届时再当奏派武职大员二人押坐商船赴津，庶商船有无疏虞得所稽考，而海船会哨官兵亦免虚应故事。

沙船停泊圖

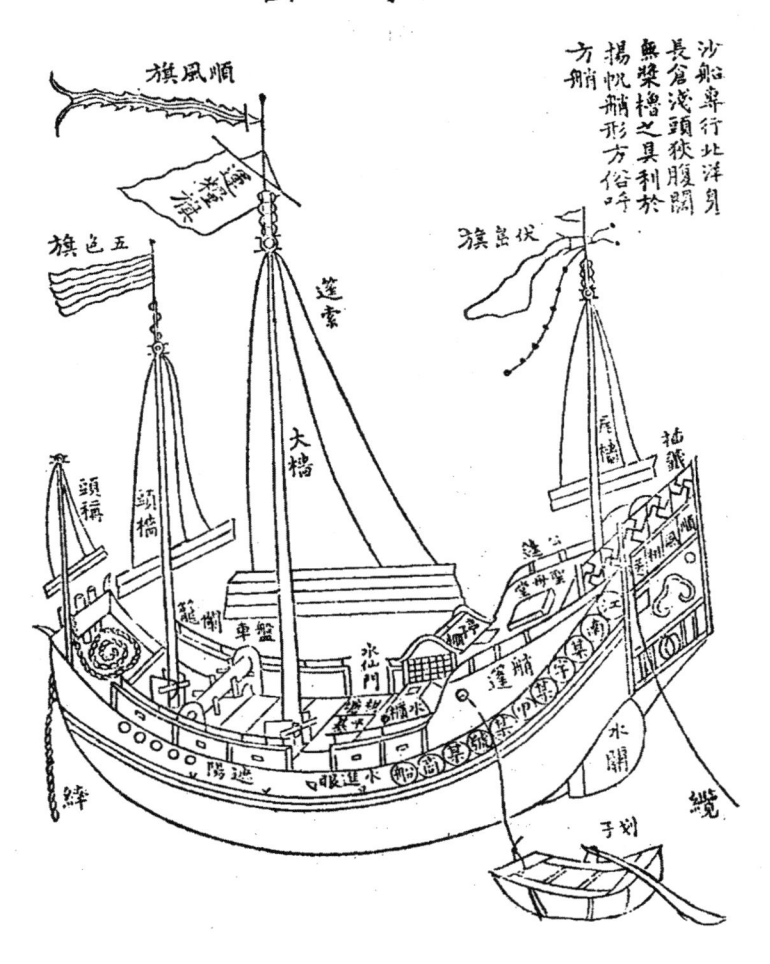

沙船舟行北洋皆
長倉淺頭狹腹闊
無槳櫓之具利於
揚帆艄形方俗呼
方艄

順風旗
五色旗
伏鳥旗
頭稿
頭艙
篷索
大檣
尾檣
抽籤
艚懶
車盤
水仙門
篷艄
水眼
水關
迤陽
水選曬
纜
䋐
划子

沙船行圖

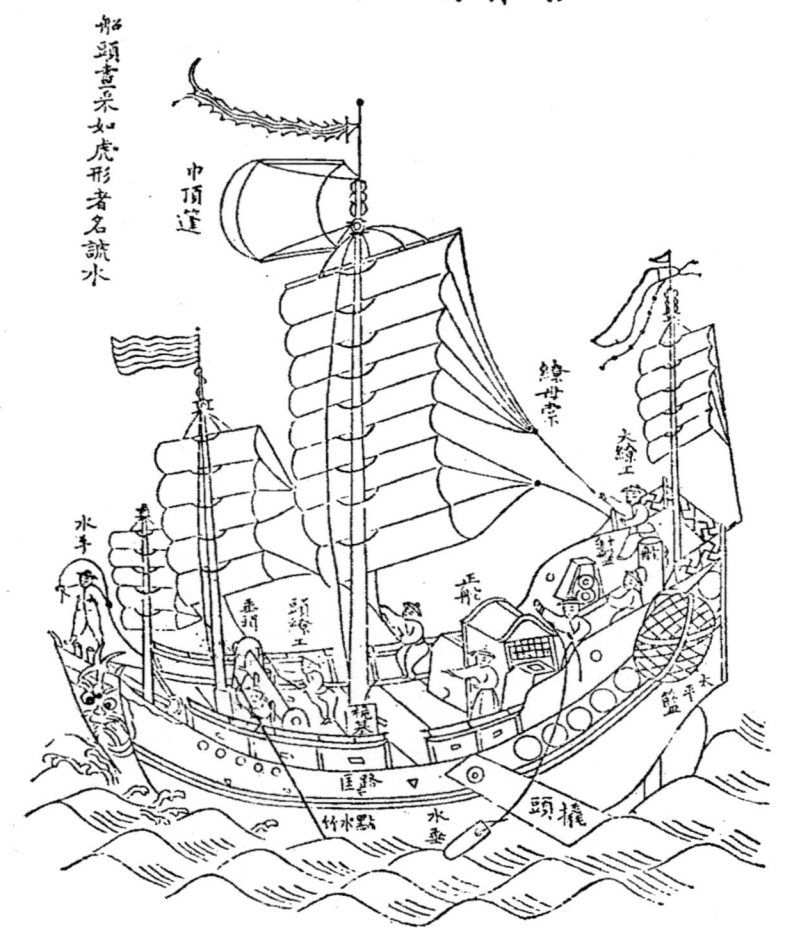

第三章 积弊的祛除 | 87

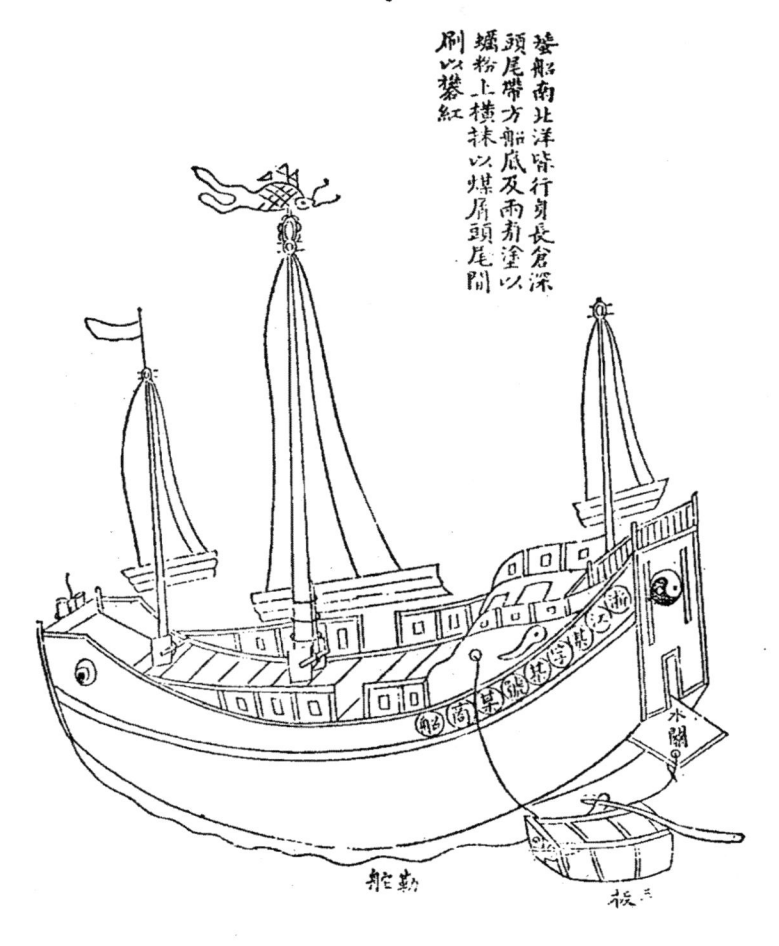

蜑船停泊圖

蜑船南北洋皆行身長倉深頭尾帶方船底及兩舷塗以蠣粉上橫抹以煤屑頭尾閒刷以礬紅

蜑船行駛圖

三不象船停泊圖

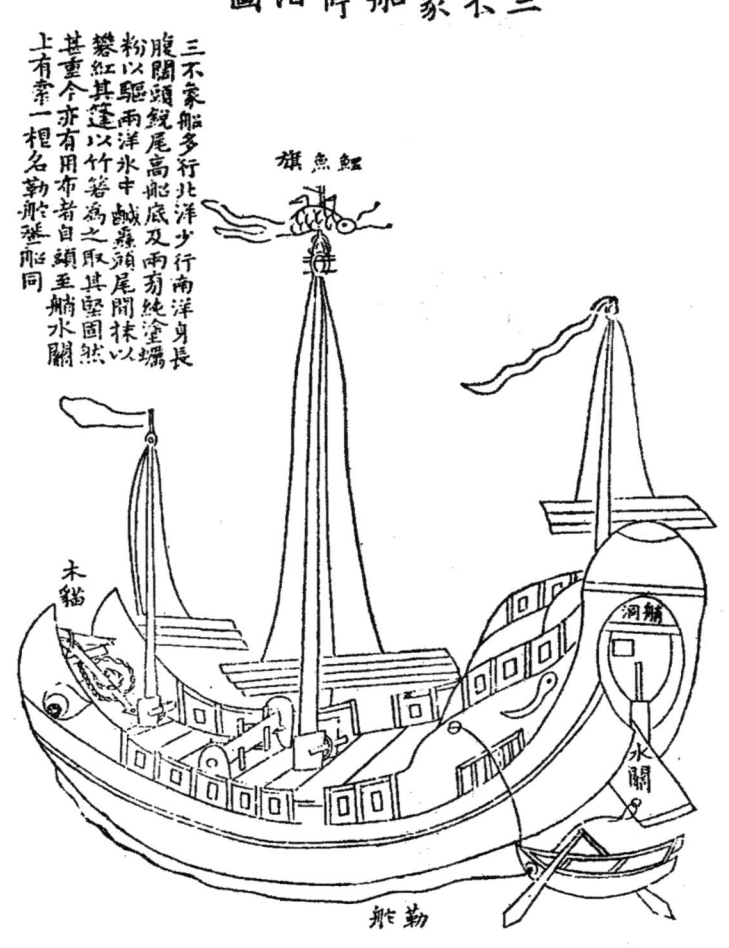

三不象船多行北洋少行南洋身長腹闊頭銳尾高船底及兩菊純塗蠣粉以驅水中鹹蟲頭尾開抹以礬紅其篷以竹箬為之取其堅固然甚重今亦有用布者自頭至艄水關上有索一根名勒舡蜑船同

紅魚旗

木貓

鰭洞

水關

勒舡

三不象船行駛圖

一、海运商船宜分别奖叙,以示鼓励也:查商船领运漕粮迅速无误,自应核其运米之多寡,以定奖叙之等差,除一万石以下,由臣等及司道分别赏给匾额外,其自一万石至五万石以上,应请分别给予职衔,若已捐至五品无可再加,或另行酌奖,均俟漕粮交兑完竣报明苏松太道衙门覆核具详,由臣等奏请钦定。再商船全数运米,南北货物未免阻滞,应请每船准其八成载米,酌留二成搭载货物,并由海关查明免税放行,计数请豁税额,但不得过二成之数,其自关东运豆回南仍照例输税以重关课。

一、苏、松、常、镇、太四府一州军船宜酌加调剂也:查该各属军船已于本年首进运米到通,现经奏明截留河北接运本年江广滞漕,并留为来岁接运浙江等省漕粮之用,此项军船原可毋庸议及调剂,惟新漕既由海运,所有随漕行月赠五等项,该军船等概已无从支给,其接运别省漕米仅有水脚口粮,为数无多,非起运本帮漕粮可比,而归次之期须在来岁秋冬,其随时添置器具及零星修补船只,在在均需费用,恐丁力贫疲难免苦累,似应酌加调剂。向来减运漕船例有半支月粮及苦盖银两,此项接运军船既有水脚口粮,应请照减运漕船之例于所省行月赠五项下量为核减酌给,稍资贴补,用示体恤。[①]

由于初次试行海运,即须运米一百五十六万石,较元世祖至元十九年(1282)初次运米仅止四万三千石者,超出近四十倍,故陶澍于海运路线先作缜密之研究。元初海运先是从刘河口至海门转蓼角觜北行,后千户殷明略开新道,从刘河至三沙洪放洋向东入黑水大洋北上。明代王宗沐、梁梦龙诸人之运漕,乃由灌河口北转鹰游门,从胶

---

① 《江苏海运全案》,卷一,页六二~六八。

莱陆运至登州达天津。① 陶氏研究后，认为元明入海之道俱已壅塞，且海船畏浅不畏深，畏礁不畏风，而畏浅尤甚于礁。乃建议改由吴淞口出发，其路线分六段：第一段自上海县黄浦口东行五十里，出吴淞口入洋，绕行宝山县之复宝沙迤至崇明县之新开河，计一百八十里至崇明县之十滧（可泊船，为候风放洋之所），是为内洋。第二段自十滧出外洋，东迤一百八十里至苏松镇所辖之佘山。（一名蛇山，又名南槎山，系无人居之荒礁，不可泊，可寄椗。）第三段自佘山驶入大洋，向正北微偏东行至（南）通州吕泗场外洋，水深十丈可寄椗，行过大沙，至鹰游门对出之洋面。第四段行过鹰游门对出之洋面往北至文登县之铁槎山（一名北槎山），又北至文登县之马头嘴入东洋汛界，经荣城县之石岛。第五段自石岛北行至倭岛、里岛，再至成山，又转西偏北至庙岛。第六段自庙岛过掖县小石岛即入直隶天津海口，约九百里。以上海运水程，自吴淞口出十滧，东向大洋至佘山，北向铁槎山，经成山转之罘岛稍北抵天津，总计四千余里。② 此皆由陶澍亲考史籍，并博询深习海事之人而定者。

道光六年二月一日（1826.3.9），陶澍亲至上海督办，海船陆续开到十滧地方候风，③至二月二十一日止，共兑过正耗米一百十二万二千余石，④三月下旬，运漕商船回棹，陶澍仍至上海督办次运，到六月五日，余米五十万余石全部兑竣，共用沙船、蜑船、三不像船等一千五百六十二只，装载正耗各米一百六十三万三千余石。⑤

---

① 《陶文毅公全集》，卷八，页一五；《海运图》；《海运诗编》，页四六。
② 《陶文毅公全集》，卷八，页一六～一九；《江苏海运全案》，卷十二，页一～八。
③ 《海运诗编》，页一；《江苏海运全案》，卷三，页一～三。
④ 《江苏海运全案》，卷三，页一三；《陶文毅公全集》，卷八，页二五。
⑤ 《江苏海运全集》，序，页一；《陶文毅公全集》，卷八，页三四。

此次海运,由道光六年二月起至八月止,共运米一百五十万六千七百一十八石。① 据验米大臣穆彰阿、仓场侍郎百春奏称:

> 自三月初七日起,截至八月初八日止,计共抵水次沙船一千五百五十七只,共起过米一百五十万六千七百一十八石六斗有零,均已兑收完竣,一律运通。至收买沙船余米自三月十九日为始,共收买过米六万五千七石五斗,亦已随同正漕一并运通,计用价库平纹银十四万三千七百七十三两八钱九分,均已随时给发,余剩银两应仍暂存天津道库候部拨用。又收买经纪耗米,查此项米石本系于起运正项米内划给,除白粮耗米奏明毋庸收买外,现经起运军粮耗米共一万六千七百一十二石二升有零,均经饬令随船运通,应俟经纪正项漕米逾额挚欠计有成数,由臣百春仓场衙门核明抵补,计价咨部再行给发。臣等伏念此次海运事属试行,诸皆创始,两次起运远历海洋,且该商民等初运官粮,须与吏胥经手,颇恐交米为难,而一切剥运事宜,亦极纠纷烦琐,乃今一律事竣,米色始终干洁,细访商情不惟无所畏累,并且沾润实多,统计正耗米一百五十万余石并未露囤截卸,均得随时剥兑,全数运通,办理亦属省捷,是皆仰赖圣主鸿福,臣等钦幸难名。②

由于办理海运成效卓著,陶澍得以赏戴花翎,事后他曾将此次经

---

① 《江苏海运全集》,卷四,页三八(据苏抚陶澍之报告,江苏两次海运粮米共一百六十三万三千余石,共用船一千五百六十二只。而验米大臣穆彰阿则奏两次共到京通海运米一百五十万六千七百一十八石六斗,连收买余米共收一百五十七万一千七百二十六石。其数目不同之故,乃因蒋朱顺等四船砍桅松舱未收余米,赵联盛等四船发生事故,及黄遇泰一船未到。)

② 同前书,卷四,页三六~三七。

营始末，汇为《江苏海运全案》，序称：

> 古来海运如《禹贡》碣石入河，秦起黄腄挽辽左，乃在瀛沧登莱境内对渡关东，道里无多。唐宋偶一馈运，其数更微，故史不载。明初张赫等初运三十万，最多至七十万，永乐中陈瑄始建仓于直沽，亦止以百万为名，其后沈廷扬自淮河口开洋七日抵天津，一时诧为异事。其实经营已阅年余，所运二万六千石而已。即元代海运最久，其初运亦仅四万三千石，行之七八年，犹只运米数十万，漂失动以万计，从未有初次试行即装米一百六十余万，自始至终不溺一人，不损额漕一梯米，如今兹所运者，仰惟圣人在位，海若冯夷，莫不效职，而瀛民蛋客，生长承平，习于沙线，操驾日精，昔之望洋兴叹，以为波涛不测者，久已视为坦途扬帆直上，无礁崖之嶰崒，无港汊之湾，环转较诸内河为易，议者每谓河运费财，海运费人，由今观之，海运果费人否耶？然则费财之说舍海运亦奚以易之，苏松数府州漕额甲天下，而丁船经行内河提溜挽闸，剥浅搬坝，与夫押运交兑攒验之费多不能省，丁疲索之官，官复问之民，民力惫矣。而官与丁亦敝，使苏属海运遂行，岁省费不啻十之四五，东南民力庶有鸠乎？若夫难海运者曰盗贼曰潮湿曰侵蚀，实皆无可虑，但患南兑易而北卸难，章程不可不豫耳。①

此次海运虽然成功，但因由天津至通州仍需驳运，引起原有漕运人员之攻击，复因宣宗对海运本无信心，其当初所以允行海运，原以为河漕不能兼办，实行海运后，可以腾出河身，俾疏淤导滞，使黄河之

---

① 《江苏海运全集》，序，页二～三。

水畅通。① 今既有人反对,遂于道光七年十一月下诏停止海运。② 直到道光二十八年(1848),才又重行海运。③ 不过无论如何,陶澍试行海运成功,为此后废止河运之先声,元明以来七百年的河运,为之结束,实为陶澍在江南影响最深远的政绩之一。

第三节 盐务之整顿

盐务向为十分复杂与琐碎的事,但因利之所在,故官商环伺,弊端丛生。陶澍于道光十年六月五日兼署两江总督,八月二十五日实授,九月十五日接印视事,④其时正值两淮盐务疲敝艰难之际。宣宗之所以畀以重任者,以其为人爽直、任事勇敢,希望其能确实加以整顿。对于两淮盐务的弊病,吾人前已述及,但仅就陶氏未到江南以前而言,至于陶氏既到江南之后,由于亲身所见,对盐务弊病,知之尤深,这可由他给宣宗的奏疏中见之:

岸引所以滞销者,一由成本积渐成多,一由藉官行私过甚。查成本之输于官者为科则,有正项、杂项、外支、带款等名目,用于商者,有引窝、盐价、捆坝、运费、辛工、火足等名目,此外,应征杂支各款尚多,而外销活支月折岸费等款,皆总商私立名目,假公济私,诡混开销,种种浮费,倍蓰正课,统名为成本,归于盐价,以致本重价悬,销售无术,转运愈滞,积引愈多,不得已而铣销一

---

① 《清宣宗实录》(四),卷一百二九,页二三~二四。
② 同前书,卷一百二十九,页一二~一三。
③ 《钦定大清会典事例》,卷二百十,页一;《青浦县志》,陈其元等修纂,1970年成文影印,卷八,页二二。
④ 《陶文毅公全集》,卷四,页四七。

年,让出本纲地步作为分限摊补,且每纲支解之款不能停缓,复将上纲下纲征收之银通融借垫,辗转那用,屡铣屡积,更于科则之中带征带补,逐渐愈增,此成本所由积重也。

然岸销之滞不尽关枭贩,其商运官引之重斤与装盐江船之夹带,实为淮纲腹心之蠹,在商人于正盐之外,本有耗卤,无课之加斤即无异官中之私,而又有包内包外之私,其包内者系运商捆盐出场多带重斤,商厮商伙亦复如之,且又短发江船水脚,以盐斤私抵船价,其短发所给之价复被厮伙埠头等勒扣过半,甚至船户不领脚价转以重赂,向商厮埠头等图谋装盐,下至商宅之婢役亦月有馈费,彼江船何苦为此,无非藉公装私而已。闻江船装盐每捆解放私盐,谓之买砠;每船装官盐十之五六,余舱尽以装私,谓之跑风;船既装盐,将全引一船之盐分为三四船,遇有一船遭风失浅,即捏报全引淹销,将并未失事之二三船亦请补盐,既得照例免课,又得通纲津贴,到岸之后,并得提前先卖,谓之淹销补运,是以一引而换数引,明目张胆之私也。及抵汉岸,商人抬价居奇,停船挨卖,谓之整轮;以窄径自窘而私贩转得畅行,迨穷年守候销售无期,于是在后之船钻营以提前,其黠者将待轮之盐偷卖,俟轮到时买私补填,谓之过笼蒸糕;甚至盐已卖尽仍报淹销,将船凿沉以灭其偷卖之迹,谓之放生;各种弊窦皆起于整轮,不但抬价,实便售私,此又藉官行私之为害也。

以上为陶氏叙述官盐滞销之原因,接着又指出滞销后之积欠弥补情形:

引既不能年销年额,课焉能年清年款?从前章程本为虚立,而且虚称报效,无非分纲压派之为,虚报奏销更起悬垫那移之渐，前纲悬垫后纲复难那补，解饷无措，于是遮掩弥缝，有预纳、减纳、贴色、贴息之名，或折减若干，作为正数，其贴色贴息亦于正数内少完若干，作为加色加息之数，商既巧占便宜而库贮因以短缩，与州县之亏那何异，其少纳之数虽云分纲带完，然积欠已至数千万，前次清查或分十五纲带征，或分三十纲归补，辗转相承从何征纳？且以前商折减少纳之课摊派后人弥补，李代桃僵，偏枯孰甚，以致殷商裹足不前，正课益悬而无著矣。

至于报效一款，原系因公抒诚得沾议叙，自应各出己赀，乃亦先由运库垫解，分年带缴，积欠累累，是库存正款徒为商人骗取议叙之用，而商捐之名适足为消耗之目而已。①

在另一附片中，陶澍指出，由于盐商之妄取而致官盐之价昂及品质低劣，因而导致私枭：

如商人办运，所有引课、场价、运脚、使费一切并计，谓之成本，内有商人缺底一项，名为根窝，每引取票银一两，每年按引即须银一百六十九万有余，归于底商，先国课而坐收其利，其余则浮费居多，每由总商开销，取之散商，名为办公，而实不知其名目，盈千累万，任意摊派，此类甚多，成本安得不重？成本既重，则售价必昂，而私枭由此起矣。如汉镇为销盐第一口岸，盐价每斤需钱四五十文，迨分运各处销售，近者六七十文，远者竟需八九十文不等，其实盐务成本首重正课，其次则场价，计每引配盐三百七十四斤，仅征正课银一两至数钱零不等，其朱单杂课亦仅征一二钱不等，计算场价每盐一斤不及十文，而转销各处竟至数十倍之价，且有搀和污泥杂入皂荚、蛤灰等弊，盐质更差，以致江

---

① 《陶文毅公全集》，卷十一，页一七～二〇。

广之民膏血尽竭于盐,贫家小户往往有兼旬弥月坚忍淡食不知盐味者,而邻私乃乘机灌入,此非私贩之销售能胜于官,实由盐价太昂有以致之也。至于仪征一带为捆盐之场,奸商与商厮难免私行夹带,江船水手从而效尤,而私枭亦因以罔所顾忌,其实私枭所贩之盐,即系场灶所产之盐,如果商人能收买余盐,何致有私盐可贩,只因商不能收,而灶户穷困,偶有透漏以资朝夕,遂致辗转负载,积少成多,而无赀本无身家之匪徒聚而成枭,幸此辈多系乌合,见利则趋,闻拿则散。①

在另一奏疏中,陶澍指出当时盐务之危急情形:

> 二十年前已逐渐就颓,有江河日下之势,迨及近岁,而决裂日甚。至上年而扫地罄尽,库储业已全空,外欠犹然丛集,四千余万之旧逋,无从归完,一千余万之借本悉化乌有,而且商情疲乏,浮议繁多,把持咀嚼,无敢过问,公私倒置,遂至于斯。……两淮凋弊已极,现在商人力能办运者,不过二三十家,而新商办运稍生,非删减繁文,禁除科派,丝毫不令受累,不足以广招徕,展转佥募尚需时日,兼之汉口积引不下数千万砠,非三两月所能罄尽,江西情形亦然,前纲既滞,则辛卯新盐即截清界限,于春月开纲,而行抵楚西各岸,已在夏秋之际,明岁奏销势不能如期完竣,不得不预行陈明,其余未尽事宜,容臣随时察看,奏咨办理,俾归有济。总之,盐务败坏至此,本由数十年来积渐而成,此时整顿旧章,实与重新起造无异,亦必由渐而入,始能复原。②

---

① 《陶文毅公全集》,卷十一,页五~六;《皇朝经世文续编》,葛士浚辑,1973年文海影印,卷四十二,页三。
② 《陶文毅公全集》,卷四,页五二~五四。

由上所举陶澍亲历所得之盐务败坏情形,可知已到不得不痛加整顿之地步。

陶澍对于盐务的整顿,可分两方面言之,先为改良官运,其后为改革票法。

一、改良官运

先是,道光初年,一般谈盐务者,除食弊之专商盐官,藉口国朝经制不可更动,想维持纲法外,无不主张变革。推究应如何变革,则莫衷一是。其意见大体相同者为就场征税。例如天津道郑祖琛,认为盐法之弊,始于场商,成于运商,因此就场征税即打破引岸,废除专商。① 御史王赠芳呈补救两淮积弊八条,亦主张就场征税。② 所谓就场征税即课归场灶。此外翰林院侍讲学士顾莼、③ 太仆寺卿梁中靖、④ 太仆寺少卿卓秉恬、⑤ 江西巡抚吴光悦⑥ 皆有类似主张。

由于两淮盐务弊病已深,道光十年十月四日(1830.11.18)宣宗命户部尚书王鼎、户部右侍郎宝兴驰赴江南会同陶澍共商。⑦ 十二月二十一日,王鼎、宝兴以盐政无管辖地方之责,文武员弁均非所属,疏销缉私难期全行禁止,奏请将两淮盐务改归两江总督兼管,以统一事权。⑧

---

① 《皇朝经世文编》,卷四十九,页三～四。
② 《皇朝道咸同光奏议》,卷三十五上,页一～二。
③ 《清宣宗实录》(六),卷一百九十六,页五～七。
④ 同前书,卷一百九十六,页三六～三七。
⑤ 同前书,卷一百九十九,页七～八。
⑥ 同前书,卷二百,页一六～一七。
⑦ 《清宣宗实录》(五),卷一百七十六,页一〇～一一。
⑧ 同前书,卷一百八十二,页一〇～一一。

十二月二十一日,陶澍疏称课归场灶之说难行,其理由大致谓课归场灶之法,不外一由灶丁起课,二由垣商纳课,三由场官收税,而三者皆有窒碍难行之处。

(1) 由灶丁起课之难:淮南以镬煎盐,淮北以池晒盐,如按池镬定课,每镬、每池约征银百余两。灶丁皆贫民,若先课后盐,则力有未逮;若先盐后课,设遇歉产之日,势必课欠丁逃。

(2) 由垣商纳课之难:两淮池镬半系灶产,以己产而听命商人,情必不愿。况商人惟利是视,秤收则勒以重斤,借贷则要以重息。灶户不乐以盐归垣,垣商亦必无资完课。

(3) 由场官收税之难:就各场产盐引额,摊定课额,商贩先向场大使报明认买斤数,照额纳课,赴各场灶配买盐斤,如此官为经理,似亦核实,无如淮课为数甚巨,岂场官所能任。若听其尽收尽解,难保不匿报侵欺。兼之场灶多在海滨,既无城廓之防,又乏营汛之卫,征解亦恐致疏虞。①

除上述三个理由外,陶氏并谓一般主张就场征税者,多见云南实行就井抽税,颇有成效,因而主张普行于全国,或试行于两淮,实际上两淮情形与滇省不同。滇省盐井二十四区,课额三十余万两,防范容易,课税亦易足。而两淮场地延袤八百里,水陆交通四通八达,非滇省一井一官即能查察可比。且商运先课后盐,额亦十倍滇省,未易仿照办理。即使先为试办,而清灶金商,改官变法,非一二年规模不能粗定,小民难与图始,虽广为晓示,亦恐观望不前,即令商贩通行,又必南侵闽浙纲盐,北侵芦潞纲盐。如不统计各省盐务,通盘筹画,实不免此赢彼绌之虞。况一二年中,课额未可常悬,场盐未可停捆,各

---

① 《陶文毅公全集》,卷十二,页五~六。

岸食盐更未可久缺。假令试行尽善,固可扫除积弊,设有未妥,即难再复旧章。[①]乃定盐务章程十五条,作为改革的张本。

关于成本方面:

  一、裁减浮费也。两淮杂费有外支办贡办公等款,在科则内带征,为文武衙门公费并一切善举辛工役食杂费等用,踵事递增,益多糜费,除养廉、兵饷、水脚、部饭等项共银三十三万余两,向系作正开销无可删减,此外,如普济、育婴、书院、义学等项,亦应酌从其旧,惟各堂董事滥厕多名与书楼务本堂、孝廉堂等处,岁需银二十余万两,俱系情面佽助,并非紧款,此时无项可发,应概行裁汰;其余各衙门及盐政运司员下书役辛工纸饭并乏商月折等项,每年共需银八十余万两,难免浮冒,应分别大加删除;其实存应领之款,亦酌减十分之四五,不准商人溢领私增,致滋浮滥,有累成本。再汉口地方乃商船聚售分销湖南北引盐之所,各岸商按引捐银,专为当事各衙门公费等用,近因该岸商伙恣意浮开,并滥为酬应,每引捐至一两三钱之多,虽不征于课则而本重价昂,以致滞销绌课,实为淮纲之患,应大加删减,每引只准捐银四钱,仍由盐道核数详明各院立案,永远不准加增,以上扬商汉岸各费共删减银一百一十余万两,科则成本庶得少轻矣。

  一、删减窝价也。商运请引行盐必先向有窝之家出价买单,然后赴司纳课,通计淮盐有根窝者一百五十二万五千九百余引,其无根窝而自用本名请引者亦十八万二千五百余引,足知行盐原不须用窝单,乃有窝之家辗转私售,如操市券,以一纸虚根,先正课而坐享厚利,以致运商成本加重,昂价病民,本应全行裁革,

---

[①] 《陶文毅公全集》,卷十二,页六~七。

惟念淮商受国家豢养已久，亦如粮船之有旗丁，姑准留此根名，每纲每引酌给银一钱二分，以示格外体恤，如有把持希冀增价，即追单销毁，永远裁革，嗣后请引只准按纲给单，不准预请数纲，以杜牵混。其各处口岸有虚底占据租雇网利者，查出一体裁革，另佥殷商承办，以归核实而轻成本。

关于手续方面：

一、删减繁文也。领运旧例有请呈加三项名目，又有平上去入四处截角名目，其余朱单皮票桅封等名目甚多，不可殚述，以致运司衙门书吏多至十九房，商人办运请引文书辗转至十一次之繁，经盐务大小衙门十二处节节稽查，而并无稽查之实，徒为需索陋规之具，应交运司悉心查覆，可删者删，可并者并，以速商运而免羁延。

一、慎重出纳也。商课入库向来不分正杂，笼统动支，迨遇紧饷应解，百计挪凑，因有预纳、减纳、贴色、贴息及印本抵课等弊，库款之镠缠亏耗一空，皆由于此，嗣后永禁前项名目，将正项库贮专候部拨及应解正款，其余杂费另贮外库，不许将正款挪垫，更不许商人干预库项，以免弊混。

关于人事方面：

一、裁选商总也。淮南设有总商，原以筹办通纲公事，赶课滚总，为众商表率，近则公事饬议罔应，钱粮滚总不前，惟办公之项按月分管，领办任意冒开，每年于定额外，仍以不敷名目溢领数十万不等，且有运盐无几，滥充总商，借以营私获利，实属把持，应请于现在各商内择其公正醇谨，行盐最多者数人，作为办事之商，遇有公事，饬令核议经办。至办公一项，悉照减定额数指款请领,不准冒滥加增,亦不准再立总商名目,永杜弊端。

一、宜恤灶丁也。灶户、煎丁、滨海穷民最为艰苦,宜加体恤。查收盐桶秤,旧有定制,近来场商每以大桶重秤任意浮收勒掯,致灶户以交官盐为累,而乐于透私,应请嗣后由运司衙门验烙桶秤颁发,不准私制,毋许场商再有前项情弊,责成场官随时稽查,仍严督灶丁按埕锹以编保甲,复火伏以稽额煎,俾清场私之源,再提泰坝掣厅批验所各秤一律较准烙发,饬令认真秤验,并于运河要道之北桥处所运司亲莅抽秤,如有格外重斤,即将秤验各官参撤示惩。

一、整饬纪纲也。盐务之官志在饱暖,从无甄别,不遵体制,或与商人联姻换帖,或与商人伙本行盐,最为劣习,嗣后有似此者应即呈请回避,如有朦混,查出严行参办,其各场分司大使亦应照州县之例察看,人地随时调换,务令相宜。至各省盐道,向因隔属,呼应不灵,除河南引地盐归粮道兼理,仅止一府三州仍从其旧外,应请将湖北盐道督销功过,归兼辖盐务之总督衙门考核,会同该省督抚具奏,以专责成而肃纪纲。

关于销售方面:

一、酌核带销也。庚寅纲引现已冬杪,尚未开纲行运,而己丑仍有未完积引三分,明年辛卯即应开纲,断不能以一年而行三纲之盐,若再推展敷衍,徒留虚名,课仍无著,且库项解支各款又复缪缠套搭,必至仍前那掩,奏销难期核实,应请于道光十一年正月即开辛卯本纲,所有庚寅未行纲引及己丑未完积引,随时带销,另款存贮拨解,俟将来办有成效,遇畅销提纲之时,仍将未完前引补销,以符原额。

一、积欠宜缓也。查淮南北商欠累累，前后不下四千余万，业于连次清查铳引案内奏明分纲带补，尚有现在清查未经奏出者，此项积欠为数甚巨，若即按纲带征，仍启套搭之根，无从划清界限，占碍新纲地步，应分别停缓，俟将来课款充裕时再行归补，以免牵掣，内惟帑本利息一项，因各处需用孔亟，不能短少，仍须在纲引内摊征利息，以应急需。

一、严究淹消也。盐船远涉长江，遭风失险，亦事所间有，向例原有津贴，无非格外体恤，并准批补沉失之盐，免其输课，近以守轮待售，时日迁延，在后各船多有盗卖，将空船凿沉，其弊多由船户，而运商利有津贴批补，且可分装多船，越轮先售，以致转相效尤，竟以体恤为作弊之端，实堪痛恨，嗣后淹消之案应停其津贴，准其补运，不准免课，庶奸商无所觊觎，如船户盗卖，捏报淹消，查出照例严惩治罪。

关于运输方面：

一、实给船价也。运盐原有定例水脚，近为埠头串同商伙商厮从中勒扣，该船户亦意图带私，甘心忍受，且有出钱买装者，遂致脚私日恣，应将水脚例价照实核发，毋许商厮辈丝毫克扣，并明定章程，将各船挨次编号，连环保结，不准仍蹈买装旧习，亦不准盗卖商盐，查出严行惩办，并将该埠保一并治罪。

一、疏浚运道也。通泰两属运河淤垫，纤堤倒塌，遇西水下注，一片汪洋，待风而行，久晴辄形浅渴，商盐盘剥分装，每引花费至数钱，且耽延抛散，以致逗遛违限，成法废弛，仪征河道虽于道光三年大挑，嗣因江潮浸灌、潮落沙沉，又复淤阻，均应确切勘估，实力挑浚深通，即以挑出之土培筑大堤，俾速转运，以轻商本。

一、添置岸店也。沿江一带，安庆以下，皆有专商领运，自武昌下游之兴国、大冶等及黄州府属各州县，至江西之彭泽、德化、湖口等县，江面远至八百余里，向自仪征运盐至汉口折回转售于各岸，往返徒劳，脚费加重，以致引地为江船粮船各私所隐占，应饬盐道查明各该处口岸每年额销引若干，将水程预为给发金商运赴该处，俾水贩就近领卖水程照例汇缴，以免越运汉口，致多转折，引盐自可广销。

一、亟散轮规也。船至汉西两岸，本以速销为贵，封轮挨卖，其初本为大商抬价，迫守候太久，遂至船户盗卖、搀沙、灌卤、过笼蒸糕，甚至沉船、放火，百弊丛生，且成本占阁，转运更迟，而大商亦病，不止小商坐困矣。查道光二年间办理散轮行之有效，自道光七年于三厘河费加价案内复请整轮，不及三年，败坏至止，今加价三厘已奉旨恩免，自应散轮以符原奏，现闻汉岸滞盐不下二千万砠，大碍新纲，亟须设法疏销，应派公正之员驻守汉岸，会同盐道办理散轮事宜，不许假手岸商，以杜弊混，嗣后不许再有整轮，免致滞销。

关于地区的限制，即本章程之推行，限于淮南：

一、淮北宜另筹也。查淮北情形与淮南迥异，淮南患于积盐不销，淮北患于无盐到岸，缘淮北三场僻在海州，每年一纲之盐须于秋后漕船过竣，开放双金闸，乘北运河下注之水赶运全完，为一年运岸之需，科则每引仅一两一钱，无可再减，惟商本甚重，如五坝十扛水陆节节盘驳，最为繁重，钩扛人等视为恒业，一经更张，即至恃众滋事，兼以各岸浮费甚多及商伙滥销，近年商力疲乏已极，能运秋单者仅止三数家，其余各商虽有认岸之名，终年无盐到岸,小民无官盐可食,反仰给于私枭,私盐愈充则岸商益形裹足,从前尚借助于淮南,今商力已疲,自顾不暇,无可接济,淮北之商竟成坐困,本年由运库发银十四万两收买,约有四万引赶运出闸,而商运之盐仅二万余引,灶户积盐不售,无计资生,饥寒交迫之余,岂能坐而待毙,计惟速筹补救之法,除庐州府属及滁州、来安各口岸改由江运者,尚可与淮南食岸一律整饬外,至湖运各岸,近来额引销不及半,现商惟一二苟延,殷商畏累观望,数十年来迄无良法,必得设法改道,以清其源,一面革退各岸乏商,另招殷商,先筹官运,以为倡导之机。一切章程另容次第筹办,惟目下情形盐积如山,无商收买,各灶纷纷吁求调剂,势不能任其枵腹待售,应请先行筹款收买灶盐,以济口食,其盐存贮各场,俟来年秋单发运之时查照销滞口岸遴委贤员领运售盐,缴价归还原本,不致虚悬。①

陶澍等疏上后,于道光十年十二月二十九日(1831.2.11)奉谕准予照所请办理。② 从章程内容看来,他对于盐务的生产、销售、运输及人事等各方面都顾到了,足见陶澍处理盐务的综核之才,但是实行的结果并不理想,于是乃有改行票法之议。

二、改行票法

陶澍之就成法以求补全之策既经准行,自道光辛卯(十一年)始开纲推行,但淮南尚捆运五十余万引,淮北则较定额不及十分之一,滞岸几无盐接济,民间既无官盐,不得不买民贩之盐,灶户所积余盐

---

① 《陶文毅公全集》,卷十二,页一〇~一八。
② 同前书,卷十二,页一九。

亦不得不卖给民贩。① 陶氏乃博访周咨,与盐务专家王凤生、俞德渊、姚莹、周济、包世臣、魏源等人研讨对策。结果皆各以岸无盐,民食所关,不能虚悬,乃于道光十一年十二月八日(1832.1.10)上疏,大意谓淮北畅岸仍归商运,其余滞岸即仿照山东、浙江票引兼行之法,于海州所属之中正、板浦、临兴三场分设行店,听小民投行购买,运往各滞岸售卖。各场要隘之地设立税局,给以照票,注明斤数及运往何处售卖字样。凡无票及越境者,仍以私论。② 不久奉谕著陶澍即饬运司妥议条款,酌量试行。③ 陶氏乃委前淮扬道邹锡淳前往淮北实地查看,会同两淮盐运使俞德渊妥议票法章程,于是淮北始有改票之议。

"票法"者,始于明嘉靖八年七月四日(1529.8.7)巡按浙江御史王化建议实行的。因为当时两浙行盐之地有一百二十五州县,商人所便者只三十六处,④其他商人不乐往之地,私盐盛行,而且嘉靖年间,倭寇又起,剽掠东南沿海,贩盐之路大受扰乱。许多地方大盐引商不肯前往贩运,于是改行票法,许资本较小的商人,赴分司纳课,出给官票,按其开报之多寡,自买盐斤赴票盐地区卖盐。由于票法手续简便,一经纳税,即可掣卖;且无定额,全视商力而定;资本小的商人亦可贩盐;加以票税低廉,每百斤仅纳银二至三分,为引税的六分之一,贩运中途,又不受各种检查,官吏之需索大为减少。⑤ 且票法认票不认商,成本低廉,足可敌私。亦即《文献通考》所载宋时河北卤地土

---

① 《陶文毅公全集》,卷十三,页二一;《淮北票盐志略》,童濂撰,道光二十五年刊本,卷二,页一;《钦定大清会典事例》,卷二百二十三,页六。
② 同前注。
③ 《陶文毅公全集》,卷十三,页二二。
④ 《明世宗实录》,"中研院"史语所校勘,1966年该所印行,卷一〇三,页三~四。
⑤ 《清代两淮盐场的研究》,徐泓著,1972年台北嘉新水泥公司文化基金会印行,页一九〇。

盐每斤量税一钱之法,①因此陶澍建议仿明代之票法改革淮北盐政。

1. 改票内容

陶澍所拟之票盐法,先试行于淮北,即于淮北各场适中地方设立局厂,以便灶户交盐,民贩纳税,无论何人,只须向各州县领有护照,照章纳税,即可领票运盐贩卖,自十引至百引以上为一票。②

票盐法要点有十:(1)由运司刷印三联空白票式,一为运署票根,一留分司存查,一给民贩行运。票内注明民贩姓名、籍贯、运盐引数、往销州县,按道里远近立限到岸,运盐出场由卡验放,不准越卡,亦不准票盐相离及侵越别岸,违者以私论。(2)每盐四百斤为一引,场盐价六钱四分,抽税照商运科则酌减三分之一,计银七钱二分,各项办公费五钱二分,总计一引共库平银一两八钱八分,此外不得分毫需索。(3)滞岸各州县招徕民贩,由该州县给与护照,载明姓名、年貌、籍贯,给本人赴场买盐。(4)三场各疃远近多寡不一,于各场适中地设立局厂,以便灶户交盐,民贩纳税。如于板浦场之西临疃设一局,大义、于公等疃适中之太平堰设一局;中正场等四疃,地势相连,于花垛垣设一局;临兴场之正场等六疃相距六十余里,于临浦疃设一局,富安疃设一局;共设五局,均由运司遴委妥员,每局一人常川驻扎。(5)民贩买盐出场,由卡员查验,然后分赴指销口岸。卡隘设在近场百里内外水陆必经之处。海州之房山系陆路要隘,大伊山、吴家集俱为水陆交通要隘,各设一卡,共三卡,均由运司委员督查,一年期满,另委接办。(6)临兴场所属之唐生、兴庄、柘汪三疃,僻在海隅,距该

---

① 《云台新志》,卷第十二,页一;《淮北票盐记》,魏源著,载于《淮北票盐志略》正文之前,页一。
② 《淮北票盐志略》,卷四,页五、七。

场不下百里,三疃相去又各有二三十里,水陆交通均不便,向设青口食盐店,岁销赣榆县食盐三百引,有名无实,多卖渔船醃切,现改行票盐,乃裁食盐店,改委员驻扎青口,经理渔船醃切及本邑食盐。(7)严饬文武查拿匪棍,肃清运道。(8)严防黄河渡口,以缉私。私枭均渡黄河,故黄河渡口处必严防。(9)定运商认销法,以保畅岸。畅岸运商如因引地毗连,虑及票盐侵越畅岸,可认销旁近滞岸票盐。(10)裁陋规:向来商认口岸文武衙门书役,往往私设陋规需索,今严裁之。①

票法于道光十二年(1832)创行,其后章程稍有变动,原定每盐四百斤为一引,买盐自十引至百引为一票,不得过于零星散买。惟海州、赣榆系产盐州县,因民食关系,酌量变通,准以一引起票。② 道光十五年,改订章程,发行大小票二种。每大票一张运盐十引,计每百斤一包,共四十包,连包索卤耗共重四千四百斤,行于安徽、河南湖运各州县及江苏食岸八州县。每小票一张,运盐一百斤,行于海州、赣榆本境,大票不准在海、赣行销,海、赣之小票亦不准混行大票口岸,以清界限。③

淮北票法之特色有五:

(1)废除专商,招徕民贩:设局之初,废除旧有专商,出示各县招徕民贩。凡各州县民贩,由各该州县批给护照,赴场买盐,如系海州附近民贩买盐运岸者,即就近在海州请批护照,每照准行三年。如系本场土著,免用护照,只用手本呈明姓名、年貌、籍贯,赴本场大使衙门投递,由局商加具保结即准一体贩运。④

---

① 《陶文毅公全集》,卷十四,页四~一〇;《淮北票盐志略》,卷四,页四~一三。
② 同前书,卷十四,页五~六。
③ 同前书,卷五十,页三九。
④ 同前书,卷十四,页五~六。

(2) 先课后盐,凭票行运:创行之始,民贩请票买盐,由局商带赴本场大使衙门纳税请票,每逢三、六、九日期,场大使及本局委员即赴垣瞳,依照票载引数,眼同民贩,逐包秤验,于照票内钤用局员衔名验讫字样之戳记,听其出场。正课由场大使衙门征收后,按月径解运库,一切经费即由局商按引分别呈缴,缉私经费由各场征存,按月解交海州分司衙门,由分司督同经营缉私之局商按月发给。① 道光十五年修改票章,民贩到场请票,不经局商之手,自具手本,载明姓名、籍贯、年貌,赴海州分司衙门挂号,分司即会同总办委员场局各官监号。每号一百引,税课、经费、盐价随号呈验,当堂兑收,给与收银照票。税课归库,经费归局,盐价归场。②

(3) 革除浮费,减轻课额:淮北未改票前,盐课之重,浮费之多,已如前述。改票之初,陶澍尽量减轻课额,废除浮费,规定每引四百斤,一引盐价照当时钱价征六钱四分,抽税照商运科则酌减三分之一,即七钱二分,倾镕解费,设局设卡经费,各衙门书役纸饭,委员薪水,缉私经费等项五钱二分,总计一引四百斤纳库平纹银一两八钱八分,此外不得分毫需索,其捆工包索则听民贩自行经办。③ 道光十三年(1833),票盐法推广至湖运次畅之岸后,正课每引较初行试办时,增加三钱三分一厘,即征银一两五分一厘,各项经费减一钱二分,每引征银四钱,盐价酌减四分,即六钱,总计每引盐四百斤,共征银二两五分一厘。④ 道光十五年,修改票章,票盐归局捆运,尽除预卖抬价等弊,改为每引连卤耗包索四十斤,共重四百四十斤,共征银二两三钱

---

① 《淮北票盐志略》,卷四,页五~七。
② 同前书,卷四,页四二。
③ 《陶文毅公全集》,卷十四,页五。
④ 同前书,卷十四,页三四。

五分一厘,此外不准丝毫需索。①

(4)票贩收盐,验觔挂号:盐户交盐及票贩收盐之例,在创行之始,系由场商措资收买本池灶盐,附局售卖。至局商卖给民贩,先尽客池滩盐,次及场商本池,如本池灶户自愿挑盐赴局求卖者,亦照客池之例收买。② 道光十五年修改票法,规定本池责成池丁将每日所收池盐尽数归局,客池每圩公设包垣,指定灶头一名,责令督率各灶户晒扫,尽数归垣,报明场官局员,场官局员立循环二簿,登记产额,听候派贩捆运,不准私贮池头,暗藏私室。所有土池俱不准扫盐,违者即以私论。③ 凡民贩买盐,照例定之盐价,于上号时全交场员,经场员派定瞳池后,给与捆盐照票,按池挨号收盐,赴局捆运。捆盐后,另换三联大票,非由局给价者,不准填给大票,以杜池户私卖、包头、添价、夹私等弊。大票掣验出场,其盐价即由场员面给池户手领。④ 道光十六年(1836),海州分司谢元淮以盐价归场,池丁盐户赴场具领,难保胥吏不借故克扣,呈准陶澍,改民贩于请票时,缴纳课税,领到收照后,即将盐价直接交与盐户池丁,命其收盐,俟盐运到局交捆后,再付盐户池丁杂费三钱,亦由民贩自交。⑤ 十七年,因票贩踊跃,而淮北板浦、中正、临兴三场,每岁只以二十二万引为额,每票百引,给满二千二百票已敷定额,即行截止给票,后到票贩往往空劳往返。海州分司

---

① 同前书,卷五十,页三五～三六。
② 《淮北票盐志略》,卷四,页一〇;刘隽:《道光朝两淮废引改票始末》,《中国近代经济史研究集刊》,第一卷第二期,页一七四,载"系由局商措资收买本池或客池之盐,附局售卖。一切交易或由盐户自己经手出售,或由局商先尽客池,次及场商之本池收买,转卖于民贩。如本池场商自愿挑盐赴局求卖者,亦照客池例收卖"。
③ 《淮北票盐志略》,卷四,页四四。
④ 同前书,卷四,页四三。
⑤ 同前书,卷四,页六四～六五。

童濂呈准实行验赀挂号,①限令各贩先投手本挂号,总计成数,如挂号之资,多于额销之盐,即行均匀折扣,摊派各贩。旋因验赀仅验手本,并不须现银,奸徒往往空上手本先占号数,仍行转卖号数于后到之贩,以图渔利,票贩成本无形加重,乃再呈准改为验赀实收存库,将各贩呈验之银封包,令本人划押暂寄库内,俟各局验毕之后,通计票贩所验资本之总数,按照场盐派买之额,如数相符,即示期上税,如所验之资浮于派买之盐额,即照额均匀折扣摊派,以期人人有盐可买。②

(5)保存引界,变通融销:根据票法章程,凡行大票之州县,须于票中填明指销州县,有侵越别岸者,即以私盐论罪。道光十五年改订章程,准其变通融销,如所指州县,盐壅销滞,准其在该地方衙门呈明,转运他岸贩卖,但不能越出淮北行票之四十二州县以外,如南侵淮南或淮北江运各岸,北越河东、山东、长芦各引岸,仍照枭私例治罪。③ 行小票之海州、赣榆二县,以其易滋透私,则仍加限制。赣榆县每年额销三百引,每月应销二十五引。海州幅员较广,准于加倍,每年额销六百引,每月应行五十引,遇闰照加。三、四、九、十等四个月(春秋二季菜市,用盐较多),每月另加一百引,共计一千引,均用一百斤小票,听民请运。倘有潜卖济枭或借票行私,查出即从重治罪。④

2.行票地区

陶澍拟定之票法,由清廷准予试行,道光十二年五月定改道不改捆,归局不归商之议。⑤ 先由淮北滞岸试行票盐之法,试办成功再推

---

① 《淮北票盐志略》,卷四,页七〇～七一。
② 同前书,卷四,页七二～七四。
③ 同前书,卷四,页四七。
④ 同前书,卷四,页四七～四八。
⑤ 《国朝耆献类征初编》,卷二百一,页一九;《淮北票盐记》,页四。

广至整个淮北行盐地。淮北行盐地共有五十一州县,其中安徽、河南二省四十一州县为纲盐口岸(即纲岸),江苏十县(内有安东、海州二县销盐而不销引)为食岸。纲岸分江运岸与湖运岸,江运岸八州县俱在安徽省,为畅岸(桐城、舒城、无为、合肥、庐江、巢县、滁州、来安);其余三十三州县皆为湖运岸。而湖运中,计安徽之寿州、定远、六安、霍山、霍邱等五州县及河南之信阳、罗山、光州、光山、固始、商城等六州县为次畅之岸;所余安徽之凤阳、怀远、凤台、灵璧、阜阳、颍上、亳州、太和、蒙城、英山、泗州、盱眙、天长等十四州县及河南之汝阳、正阳、上蔡、新蔡、西平、遂平、息县、确山等八州县皆为滞岸。故道光十二年改票之时,江运畅岸之八州县及湖运次畅之十一州县,虽商疲引积,尚非极敝之区,一切皆仍旧制,由商运或由官督商运,①皆在行票范围之外。安徽天长县虽属滞岸,以运道例由山阳、宝兴入高邮湖,与淮南引地错杂,仍归商运。② 其余湖运滞岸二十一州县一律改行票法。至于江苏销引之食岸八州县(山阳、清河、桃源、邳州、睢宁、宿迁、赣榆、沭阳)向因私充官滞,食商配运寥寥,故改行票法;③不销引之安东、海州二州县,因近盐场,私盐盛行,亦改行票法。④ 总共三十一州县试行票盐法。

由于事关创始,无辙可寻,因而陶澍在改票章程中曾声明"如果行之有裨,再当渐次推广,设使行之不便,亦不难于停止"。⑤ 后以滞

---

① 《陶文毅公全集》,卷十四,页一;《淮北票盐志略》,卷二,页三〜四。
② 同前书,卷十四,页二。
③ 同前注。
④ 同前注。
⑤ 《陶文毅公全集》,卷十三,页二一;《清盐法志》,张茂炯等编,民国九年盐务署铅印本,卷一百十五,页一。

岸改票,成绩甚佳,"票盐之课,溢于原额","通纲之引俱已请运全竣";①其时未行票法地区,开纲两年之久,商人仅请运过十万五千余引,加以官运六万六千余引,亦未足商岸应运之额,课欠引积,商力疲惫,②于是陶澍于道光十三年二月十日(1832.3.30)奏"淮北票盐试行有效,请将湖运各畅岸推广办理,酌定章程"。③ 除由江运之安徽八州县,及例由高邮湖之天长县因与淮南引地错杂,未便招贩行票,致启侵灌。其原额引照旧由商认办外,所有湖运次畅之岸十一州县一律改行票法。并将章程略加修定。第一,变更课则,复还旧制:原每引征银一两八钱八分,现照淮北原定科则(未改票前),每引征银一两五分一厘,各项办公费酌减一钱二分,每引征银四钱,盐价酌减四分,统计每引征银二两五分一厘。第二,撤废引岸:票贩章程原议指定请运州县填注票内,越境即以私论,系保固商岸之意,现因商运既不足额,而票贩所行各岸,有请至数万引者,亦有仅请百十引者。盐多既虑其滞销,盐少又虑其乏食,因此撤废引岸,在票盐地区内,可随商贩到处卖,但不得超越票盐四十二州县外。④

3. 改道与设局

淮北盐务疲敝,因素固多;而纲法手续之繁难,要为其重要原因之一,陶澍有见及此,在改票之始,即决定改道不改捆与归局不归商,以轻运输成本,杜亏欠透私之弊。先说改道:淮北在纲盐时代,盐斤出场,每包分成四袋,经海州分司于板浦盐关秤验后,由盐河行二百六十里,般过永丰坝,雇小车运至黄河滨岸渡河至老坝,改捆成双并

---

① 《陶文毅公全集》,卷十四,页三三;《清盐法志》,卷一百十五,页五。
② 同前书,卷十四,页三二。
③ 《军机处档》,第〇六二六三〇号;《陶文毅公全集》,卷十四,页三二～三六。
④ 同前注。

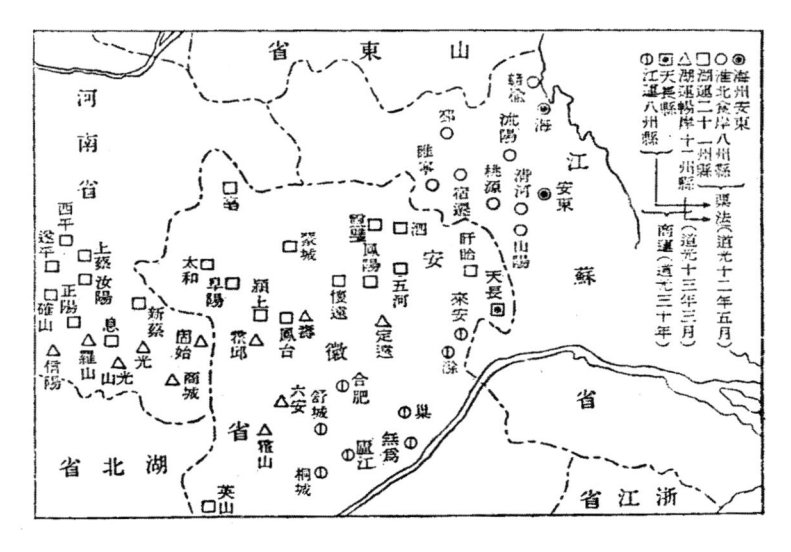

淮北票法实施要图（清代盐政之研究，页三四七）

引大包，雇牛车运至套河，船行里许，又钩扛搬过三坝入长河，由长河船行十五里抵淮北批验所，复改捆成三并引大包，由监掣同知掣验之后，复钩扛搬入剥船，运至乌沙河，又经巡检查验，乃得分途运行，或载入南河大船运至清江浦，由三闸三坝过洪泽湖或仍搬堤过坝至武家墩搬过湖，总计自场经坝至批验所，由所入洪泽湖，须经五坝十扛之烦，改包改捆凡三次，每为官吏役夫所把持要挟，耗费之数，倍于盐本。① 道光十二年改票后，陶澍首先变运输路线，规定运盐大路有三：一由蔷薇河吴家集过卡，自六塘河西行，经沭阳县之三尖子地方登陆，行六十里至清河县之王家营西坝渡黄河。一由海州大伊山过卡，水路南经新安镇入安东县境，由盐河西行至清河县之王家营西坝渡

---

① 《云台新志》，卷第十二，页一〜二；《淮北票盐记》，页二。

黄河。如值上游双金闸未开，盐河无水可运，暂改陆路，由新安镇南行至安东县搬堤西上抵西坝。① 以上三道，皆经王家营西坝入洪泽湖，运道便捷。其余黄河八滩六套等处，及由海道转入黄河各处，并赣、沭等境内，未经设卡各陆路，均不准行走，以杜绕越透私，违者以私盐论罪。② 凡盐包经卡员秤验后，无须改捆，径运口岸，至为简便。

其次为于淮北各场适中地点设立局厂，计有太平、西临、花垛、临浦、富安、青口等，以便灶户交盐，民贩纳税，均由运司每局遴委妥员一人常川驻扎，并签定局商，随同委员办理局务，仍由场大使协同经理。③

民贩买盐出场后，必经卡员查验有无中途添买夹带之事，然后分赴指销口岸，其卡隘设在近场百里之内水陆必经之处。初设房山卡（海州附近房山）、大伊山卡（海州盐河附近之大伊山）、吴家集卡（沭阳县六塘河附近之吴家集）、蔷薇河卡（蔷薇河及海州西门外合设）等四卡，由运司颁发卡员戳记，委员督查，各带书吏一名，头役一名，散役八名，任期一年，期满另委接办，以防舞弊。④ 道光十四年（1834），临兴场附近富安半路滩、小防东关等处，透漏私盐，大半由墩上经过，因此在墩上添设一卡。⑤ 道光十六年，又于安东县佃湖地方设卡。⑥ 道光十八年（1838），裁蔷薇河卡，改设武章河卡（武章河地方）。⑦

---

① 《淮北票盐志略》，卷四，页四五；《清盐法志》，卷一百十五，页七。
② 同前注。
③ 《淮北票盐志略》，卷四，页五～六。
④ 同前书，卷四，页六。
⑤ 同前书，卷五，页五。
⑥ 同前书，卷五，页一八～二〇。
⑦ 同前书，卷五，页二一～二二。

除设卡外,又于各场周围扼要添派稽查以防透私。其稽查人员如下:(1)海州营所属之麻庄湖设把总一员、兵三十名,欢墩埠外委一员、兵二十名,蔷薇河外委一员、兵二十名,房山千总一员、兵三十名,龙沟千总一员、兵三十名,龙苴把总一员、兵三十名,白塔埠外委一员、兵二十名。(2)东海营所属之黑鱼荡把总一员、兵二十名,五道沟外委一员、兵二十名。(3)钱家集营所属之严家集千总一员、兵三十名,三尖把总一员、兵二十名。以上共计十一隘,千总三员,把总四员,外委四员,兵二百七十名。此外,每局派头役一名,散役九名,六局共六十名。均责成海州营参将、东海营都司、钱家集都司、海州知州随时考察。似此星罗棋布,声势联络,实力巡防,枭贩闻风敛迹。①

但是陶澍之推行票法,拟议之初,实在遭受很多人的反对,他曾在复煦斋(英和)相国书中诉说:"盐务大不可支,有言归灶丁可无误课者,虽系探本之论,然立法以人,无人则法难自立,以海运之妥善,省费百余万,添米十余万,尚且不免浮议,恐盐议更难著手。"②当时群议沸腾,《清史稿·食货志》云"时窟穴盐利之官胥吏,举嚣然议其不便"。③ 或谓成法一更,将不可复;或谓巨万税课责诸何人;或谓捆工千百,失业必嚣;或谓引枭入场,沿途必扭。不一而足。④ 惟武英殿大学士兼军机大臣曹振镛为陶澍座师,曹氏故以盐策起家,至其时业未废,如行票法,旧商首先受损,因此陶澍致书启探其意,振镛复书曰:"淮北盐务之敝极矣。势非更张不可,吾子有所见,何不急行之,如有困难,老夫当从中主持,老夫行年七十,何能更为子孙作家计,且天下

---

① 《淮北票盐志略》,卷五,页二。
② 《陶文毅公全集》,卷四十一,页二九。
③ 《清史》,清史编纂委员会,1961年"国防研究院"印行,卷一百二十四,页一五〇三。
④ 《淮北票盐记》,页四。

焉有饿死之宰相家乎？"①陶澍得书后乃毅然决然施行。票法行后，旧日盐商顿失利薮，陶氏自成为怨愤毁恨的对象。《金壶七墨·浪墨》中之"纲盐改票"载："陶云汀宫保深知其弊，创立票盐法。……而群商大困，怨陶公入于肺腑，编为叶子戏，貌其家属，又一人以双斧砍桃树，妄立名目，以肆诋諆。"②《水窗春呓》载："陶文毅改两淮盐法，裁根窝，一时富商大贾顿时变为贫人，而倚盐务为衣食者亦皆失业无归，谤议大作。扬人好作叶子戏，乃增牌二张，一绘桃树，得此者虽全胜亦全负，故人拈此牌无不痛诉之。一绘美女曰陶小姐，得此者虽全负亦全胜，故人拈此牌辄喜，而加以谑词。"③

自票法推行后，成效卓著，可分端说之：

（1）裕课：票盐先课后盐，课无短绌，可免欠课之积弊；且无规费，盐易销，税课增加。④淮北纲食各岸每年额行二十九万六千九百八十四引，自道光十二年试行票法，五月开局收税，当年即运行二十四万二千六百五十七引；十三年行三十二万七百八十四引；十四年行五十八万九千三百二十一引；十五年行三十六万六千六百九引（内有青口二十四万四千五百一引）；统计四年共运一百五十一万九千三百七十三引，而江运八岸、天长一县归于官运、商运者尚不在此数内，几于一年行两纲之盐。⑤每年除额课全完、额盐全销外，尚有余力补助淮南。陶澍于道光十七年奏准将淮南疲商悬引融运淮北行销，其课即由票商代纳。⑥

---

① 清史馆《曹振镛本传》六七四七（一一九）号，故宫博物院藏。
② 《金壶七墨全集》，黄钧宰著，1969年文海影印，浪墨卷一，页七。
③ 《水窗春呓》，欧阳兆熊、金安清著，谢兴尧点校，1984年北京中华书局印行，页三二。
④ 《军机处档》，第〇六二六三〇号。
⑤ 《淮北票盐志略》，卷三，页九；《云台新志》，卷第十二票盐下，页一九。
⑥ 《陶文毅公全集》，卷十八，页二九～三二；《淮北票盐续略》，卷一，页一四。

（2）便民：前已述及，于淮北三场各疃适中之地建立局厂，以便灶户交盐，民贩纳税，即为便民措施。票商量力纳课即为无多，亦准其贩运，可广民间生计。票商各自销售，恐人之或有不食，故盐皆洁白，则便各省之民食。包世臣《上陶宫保书》云："自阁下倡改票盐以来，产额颇增，……洪湖以南食盐居民，率出贱值得净盐，以为有生所未闻见。"①可证票盐之便民。

（3）化枭：票盐价轻，则人愿食官盐，而私贩因之以戢。时私枭改行票盐者不少，魏源《淮北票盐记》云"口岸盐净价贱，其贩芦私者，皆转而贩票盐"，②因而地方治安亦获得改善，钱家集都司无须驻守专营，经陶澍呈准移驻于洪泽湖之老子山等处，改为内河水师。③

（4）安灶：即改善安定灶户的生活。道光十二年未行票盐以前，灶户困苦流亡不可胜数，自纲盐改票至十三年冬底，所全活者数万余人。④

不管盐商对陶澍的毁誉如何，行之数百年的纲法终于一废而未再可复，在陶澍的新制度下，盐引畅销，国库增课，对于清廷的财政压力实有很大的纾解之功。

陶澍的票盐法，仅行于淮北，因为他认为淮南引地广，课额重，且引地居各省腹中，与全国各盐区之引界交错，如改行票盐，势必四侵邻境，于各省盐法多窒碍，不可轻易更张，⑤可是淮北改票，日有起色，不数年间，不但奏销足额，且有溢销之课可融淮南之悬引，使反对改

---

① 《安吴四种》，包世臣撰，1968年文海影印，卷七上，页一八。
② 《淮北票盐记》，页五。
③ 《陶文毅公全集》，卷十六，页三七。
④ 《淮北票盐志略》，卷十四，页一〜二。
⑤ 《陶文毅公全集》，卷十四，页三〇。

票者无所借口。道光十六年陶澍有仿淮北一并改票之意,商之淮南监掣同知护理运司姚莹。姚莹答以"淮北课少而地狭,淮南课多而地广,其事不同",①陶澍因而踌躇。嗣后魏源撰《筹鹾篇》一文,②建议仿淮北之法,以救淮南之弊,适陶谢世,乃未被采行。直到道光三十年(1850)两江总督陆建瀛才接纳魏源的建议,将淮南及淮北江运八岸和天长县亦改行票法。③

道光元年至十四年淮盐运销比较表

年份	纲名	运销情形
道光元年（1821）	辛巳纲	淮南江、广、安、池、太、饶各食岸运行半纲铳销半纲,江、甘、高、宝、泰全运。
道光二年（1822）	壬午纲	淮南纲食各岸运行半纲、铳销半纲。淮北全运。
道光三年（1823）	癸未纲	淮南纲食各岸运行半纲铳销半纲。淮北全运。
道光四年（1824）	甲申纲	南北纲食各岸照额全运。
道光五年（1825）	乙酉纲	淮南纲食各岸照额全运。淮北纲食共实行十三万五千四百引、铳销十六万一千五十二引。
道光六年（1826）	丙戌纲	淮南纲食各岸运行半纲、铳销半纲。淮北因盐积滞全行铳销。
道光七年（1827）	丁亥纲	南北纲食因盐积滞全行铳销,片引未行。

---

① 《皇朝经世文续编》,卷四十三,页五。
② 《古微堂外集》,卷七,页一五～二三。
③ 《清盐法志》,卷一百十六,页二;《淮北票盐续略》,卷二,页二六、卷五,页一。

续表

年份	纲名	运销情形
道光八年（1828）	戊子纲	淮南纲食各岸照额全运。淮北行运二十五万七千六百七十七引，又分辛卯等十纲带运三万九千三百五引。
道光九年（1829）	己丑纲	南北纲食各岸请运七分，未行停运三分。
道光十年（1830）	庚寅纲	南北纲食全行停运，片引未行。
道光十一年（1831）	辛卯纲	南北纲食各岸全运，并加带己庚残引。
道光十二年（1832）	壬辰纲	南北纲食各岸全运，并加带己庚残引。
道光十三年（1833）	癸巳纲	南北纲食各岸全运。
道光十四年（1834）	甲午纲	南北纲食各岸全运。
备注		自道光元年起至道光十年止，十年之中，淮南纲食各岸共运行五纲七分，铣销三纲，停运一纲三分，淮北共运行五纲一分，铣销三纲六分，停运一纲三分，而十一年辛卯起至十五年六月奏销甲午纲止，四年之中四纲全运，又有加带九年己丑十年庚寅停运之盐七十余万引在内。

资料来源：《陶文毅公全集》，卷十七，页一三～一五。

第四节 河工之协办

河、漕、盐三项为清代两江大吏感到最棘手之事，三者中之一，处理得当即可名于世。其中河工特设河道总督负责，但身为总督者，亦有协助之责。陶澍自道光十年(1830)抵江督之任后,除整理盐漕外,亦及于河工。所谓河工,不外修防,而修筑需用料物;防河设有汛地,而防守必资众力,盖河防一厅之段落甚多,一官之耳目有限,河患生于无时,不得不处处派人守汛,以免顾此失彼。但在办料、防汛方面,积弊甚深,如外工、家丁、河兵、料户、堆夫人等勾串虚堆之事。陶澍于催漕防汛往来清河,时时查访河工弊端,并向河员切实谆饬工程务期稳固,不可偷工减料,钱粮力求撙节,不可浮冒开销,非万不得已实在紧要之工,不许另案请帑。① 经陶澍努力整顿结果,河工积弊逐渐革除,节省公帑已见效果,如道光十二年,堵筑桃源于工、启闭江口蔺家山,加高洪湖堤堰各工,最为有事之年,所用银六百七十三万余两,较之道光六年另以专案用银八百六十九万余两,节省一百九十六万余两。② 兹将道光六年、十二年、十三年、十四年、十五年、十六年等河工用银列表说明陶澍节省公帑之效果。

年代	河工用银
道光六年(1826)	八、六九〇、〇〇〇余两
道光十二年(1832)	六、七三〇、〇〇〇余两
道光十三年(1833)	三、一四〇、〇〇〇余两
道光十四年(1834)	二、二六〇、〇〇〇余两
道光十五年(1835)	二、九四〇、〇〇〇余两
道光十六年(1836)	二、七五〇、〇〇〇余两

资料来源:《陶文毅公全集》卷二十七,页三八。

---

① 《道光朝宫中档》,第〇〇〇三三一号附件;《陶文毅公全集》,卷二十七,页三七~三八。
② 《陶文毅公全集》,卷二十七,页三八。

此外,陶澍于道光十二年九月曾与穆彰阿亲勘黄河决口,决定治河方针。① 因为这年黄河在龙窝口决口,流入洪泽湖,宗人府府丞潘锡恩、御史鲍文淳等恐于运道有碍,清廷命河督张井与陶澍、穆彰阿等会勘筹办,② 后来陶澍报告查勘结果:

> 于初三四日亲往龙窝汛决口地方履勘情形,该处黄水入湖,即由吴城七堡仍入黄河,其间靠堤之纵横二三十里多已受淤,但该等处系在桃源县南岸二十图之内,道光五年以前,均系庄田庐墓,并非湖身,至黄水入湖,东至吴城七堡而止,既不能入束清坝,即不能灌入运口,又何能淤及淮安、宝应、高邮以下。至吴城七堡、顺清河御黄坝等处,清水畅出,刷涤黄淤,现据河员禀称七堡以下至海口逐段测量,已刷深四五尺不等,现在湖水尚存一丈九尺余寸,较盛涨已消二尺有余,自后再见消落,即当遵奉谕旨次第堵闭山、盱各坝河,俾湖水不至分泄,专力刷黄,以收荡涤之效,兼可堵闭昭关坝及高邮四坝,以期下河田亩早为涸复。至潘锡恩所称全黄入湖为从来未有之事。

此谓潘、鲍二人所言不实,接着建议挑浚已经干涸之正河河身:

> 惟查南河中满之患总在桃南、桃北、外南、外北、山安、海防六厅之间,计程三百余里,从前启放减坝大兴挑浚徒劳无益,缘其挑浚之处在御黄坝以下,而御黄坝以上转更高仰,清水无从畅出,现在桃南决口,黄水入湖从吴城七堡仍流入黄,自吴城七堡至御黄坝以下直至海口,凡外南北下汛及山海两厅百余里之内已刷涤渐深,而吴城七堡以上高仰如故,即在桃南北下汛、外南

---

① 《陶文毅公全集》,卷二十七,页二六。
② 同前注。

北上汛之间,计程二十余里,目下黄流入湖,正河干涸,凡此高仰之处,正可施工,若趁此机会就臣张井拟估抽沟之处全行大加挑浚,除去中满之患,俾御黄坝以上渐就底平,实系一举两得,约计所费不过四十万两左右,于全河深有裨益。①

清廷接到陶澍等报告后,命"陶澍、张井相机妥为筹办"。② 这时又有人建议"将黄河改道,自桃源以下,以北堤为南堤,另筑北堤,另开运河数十里,约需费二百万"。③ 清廷又著陶澍、张井等勘议,经陶澍等履勘后,认为工程费远超过原估数目,而且改道后,其效果亦不可靠,"诚恐举之未几,废即随之,于漕运大有关碍"。④ 所以把这一建议否决了。河工虽非陶澍所专任,但因为有协助之责,所以仍然尽心履勘、研议,后来清廷称赞他"挽艖纲于积弊之余,独排众议,奠河流于既平之后,务策万全"。⑤ 足见他对于河工方面亦有相当重大的贡献。

---

① 《陶文毅公全集》,卷二十七,页二七~二八。
② 同前书,卷二十七,页三〇。
③ 同前书,卷二十七,页三一。
④ 同前书,卷二十七,页三二~三五。
⑤ 同前书,卷首,页四。

第四章 励精图治

第一节 绥靖地方

江南吏治之败坏,前面已经言及,陶澍曾诉说其亲身经验:

> 臣由皖来吴,接见各属,非无留心实际之人,而才猷超出者颇少,即如州县为亲民之官,必须得人而理,乃苏省因有河工,其大挑等班知县,每以轮补无期借补县丞、州判,而捐纳之县丞、主簿反以保荐应升骤膺繁剧,现在六十八州县中,由捐班补、由佐贰升者,已属不少,沿河各县以县丞署理者,竟十居其七,虽甲科捐纳人才原无区别,然进阶太杂,即难免无幸进之辈滥厕其间,始基未立,安望其留心民事有益地方,此吏治之不可不亟为整顿者也。臣往来淮扬及江、镇、苏、常一带,闾阎非不稠密,民物非不安恬,然淮扬被水之后,民气未舒,江、镇、苏、常等处,小民生计外,虽见其有余,内实形其不足,衣冠文物,灿然可观,而浮靡之余渐流诈伪,以致市井讹骗则有搭台之目,生监把持则有破靴

之称,良楛难齐,日滋狱讼,此民风之不可不亟为整顿者也。①

如何整顿呢?他从几方面着手,一为调整官缺,使工作的繁简与职位相配合,以使"人尽其才"。

清代对于官缺之任命,依其工作量之繁简轻重而有区分:一种是"调缺",即是此一空位须由实任的同等官调任者。一种是"题缺",即是此一空位须由上官在应补应升此缺之人员内拣选,奏请补用者。一种是"选缺",即是上官于应升此缺之名单中,选择最优者带领引见候旨定夺者。②陶澍在安徽时,整饬吏治,先将若干官缺的补实方法加以调整,如怀宁县知县系冲、繁、难兼三要缺,于乾隆十三年(1748)议定在外拣选题补,自嘉庆元年以后,历次出缺,均以现任人员奏请调补,并无以应升人员题升。陶澍以"怀宁县地当省会,水陆交冲,为通省州县领袖,时有发审案件,且附郭仅止一县,较之寻常要缺,政务尤为殷繁,非精明历练、贤能兼擅之员,不足以资治理,必须于通省现任人员内拣选调补",③乃请准将怀宁县知县改为"调缺"。

灵璧县知县系沿河兼三要缺,本系在外拣选题补,嘉庆十九年(1814)吏部定为"调缺"。陶澍以"皖省沿河沿湖知县除灵璧、盱眙要缺外,并无沿河中简之缺,无可拣调,各属现任人员堪膺繁剧而又兼谙河工者,实难其人",故认为应将灵璧知县改为"题缺"。④

怀宁县典史一缺,本系"选缺",陶澍认为怀宁县地处省会,其所管监狱不止本邑罪囚,凡各属解省审转并提省发审案犯均须分发监禁,人数众多,一切稽查防范尤关紧要,实非初任人员所能胜任,应请

---

① 《陶文毅公全集》,卷四,页三〇~三一。
② 《六部成语注解》,内藤乾吉编著,1962年大安株式会社印行,页一一~一二。
③ 《陶文毅公全集》,卷五,页九~一〇。
④ 同前书,卷五,页一〇。

改为"调缺"。①

舒城县晓天镇巡检向系"调缺",而该处地非冲要,并无饷鞘及递解人犯事件,居民亦不甚多,易于稽查弹压,应改为"选缺"。②

到了江苏以后,此一工作仍然进行,例如道光十四年五月二日(1834.6.8),改江苏山盱厅通判为同知,海安厅抚民同知为通判。③五月二十九日,改安徽凤阳府同知为凤庐分防同知,定为题调要缺。④

二为裁汰冗滥:先是道光十一年十一月二十二日(1831.12.25),宣宗谕"国家设官分职,原以保乂民生,必使闾阎获益,方足收指臂之效;若任令冗员滥竽充数,其本任既无事可办,而各员官廨一切公用,不能尽出己资,势必取之民间,是多设一官,百姓反多受一官之累;著各直省督抚及各河督盐政悉心核议,于所辖文职闲员,如有可裁者,酌量裁汰"。⑤ 陶澍接咨后,随即与苏抚、皖抚、赣抚、各藩臬等商议,认为江苏华亭县主簿仅管水利,并无巡防分汛专责,镇江府照磨无专管事务,金坛县湖溪司巡检无分防之实,江宁府照磨除差委外,并无专管事宜,扬州府检校只有稽查邗沟闸座、督夫启闭事宜,乃于道光十二年八月五日(1832.8.30)奏请裁汰。⑥ 安徽徽州府通判系属简缺,仅司休宁、黟县、婺源、祁门四县缉捕,并无监兑督运之责,芜湖县县丞本任无事可办,亦于道光十二年八月十七日奏请裁汰。⑦

---

① 《陶文毅公全集》,卷五,页一一。
② 同前注。
③ 《清宣宗实录》(七),卷二百五十二,页二。
④ 同前书,卷二百五十二,页三八。
⑤ 《清宣宗实录》(六),卷二百一,页九~一〇。
⑥ 《陶文毅公全集》,卷五,页一二~一四。
⑦ 同前书,卷五,页一五~一七。

三为调整治所:为使政治力量能均衡地到达各地,乃变移治所。因为地方首长所驻之地,必须地位适中,才可照顾全局,否则偏远之地往往政令不能到达,造成治安上的问题。陶澍除遵旨酌裁文职闲员外,并奏将寿春镇标中营右哨千总移驻下塘集,作为分防千总,下塘集额外外委驻朱家港。① 另奏将金山县知县典史移驻洙泾镇,原驻洙泾之巡检则移驻卫城。② 因金山县乃雍正四年由娄县分设,县境之东南隅有金山卫城,为水师驻防之所,知县、典史都驻扎于此,而洙泾镇在县境之中,民居稠密,仅有巡检一员分驻其地,其地又建有漕仓,每年收漕时,知县即驻该镇收兑。乾隆五十九年(1794)金山卫城遭被风潮,县署坍塌,该县办公无所,乃常驻洙泾,民皆称便,而历任督抚均以知县典史分驻两地,体制不宜,檄饬该县仍回卫城,因为有违舆情,未能实行,直至陶澍乃为了便民起见,请将知县典史移驻洙泾,其原驻洙泾之巡检则移驻卫城。另外陶澍又将海州州判衙署移建响水口。③

四为调整治安力量:除暴安良,缉拿匪徒,使地方静谧,自为封疆大吏之重要职责。陶澍在安徽时,鉴于颍、亳等处夙称盗薮,而原设兵力单薄,乃决加以调整。颍州方面,他亲赴该处,周历各要隘相度形势,认为颍州府在安徽西北边境,距省几及千里,阜阳为附府首邑,与河南之项城、沈邱、新蔡、息县、固始等县接壤,时有豫省红胡匪徒窜入滋扰,其北界则亳州、太和,东界则宿州、蒙城等州县,距城一二百里不等,缉捕巡防护解饷鞘人犯,在在均需兵力。而颍州营额设只游击、守备、千总各一员,把总四员,外委二员,额外五员,马、步兵丁

---

① 《清宣宗实录》(七),卷二百五十二,页三八。
② 《军机处档》,第〇六九五〇九号。
③ 《陶文毅公全集》,卷五,页二二～二三。

五百六十五名,分驻各汛,多则三四十名,少则十余名,不足以镇压捕缉,故奏请添设驻城兵丁五十名,以资操防差委。又以西北乡之沈丘集距城一百二十里,又西鲖阳城距城二百十里,西南乡之艾亭集距城一百七十里,方家集距城一百二十里,均属鞭长莫及。应将原驻驿口桥之捕盗同知一员移驻艾亭集地方,作为抚民总捕同知,凡逃盗、逃凶、私贩、私宰、赌博、打降以及附近民人钱债、田土细故,所犯在枷杖以下者,责成该同知就近分别缉拿审理。鲖阳城本无额驻弁兵,系于方家集防兵内分驻五名,而方家集只驻兵五名,应每处添兵二十五名,各添外委一员管带。① 亳州方面,其地接壤豫省,西北乡之减种店仅设防兵九名,东南乡之张村铺仅设防兵四名,由于地方旷野,离城遥远,不足弹压,故陶澍认为应各添兵十五名,外委各一。② 至于宿州方面,共有村镇二百一集,周围六百余里,宿州州同驻扎濉溪集,分管西北四十四集捕务,州判驻扎临涣集,分管西南三十七集捕务,并各设有外委一员,而正西通达豫省及正东、东南、东北等处一百二十集,捕务俱属吏目分管,吏目有管狱之责,不能常川赴乡查缉,而所管集分较州同、州判多至倍蓰,应将前裁之司狱改作巡检,驻扎东北之时村集地方,分管六十集,并添设外委一员,而于宿州营存城兵丁内抽拨兵十名派给外委,驻劄时村集,以资巡缉,再于北乡之夹沟驿添设外委一员、兵十名。③ 如此则于其治安力量,大为增强。

后来陶澍调任江苏,亦留意予以适度分配调整,以增强其功能。海州钱家集地方向系枭犯总汇之区,原设都司一员及官兵二百名驻扎,归漕标就近调遣,嗣以差遣不敷,陶澍乃奏请添设额外二员,并改

---

① 《陶文毅公全集》,卷二十二,页一～三。
② 同前书,卷二十二,页三～四。
③ 同前书,卷二十二,页四～五。

为洪泽湖都司。① 河标中营所辖之宋家集地方和佃湖营所辖之海安六套地方,由于兵力不够,陶澍亦分别于道光八年和十年奏请酌添弁兵。② 道光十六年(1836)二月,复奏裁江南颍州营艾亭集把总缺,添设守备一员,移驻兵一百名,以资巡缉。③

五为收缴民间武器:调整地方治安力量以外,陶澍在安徽时又以凤颍泗州等属,界连徐豫,民情好斗,动辄伤人,其武器有鸟枪、金刃等,乃筹款令民间将此类凶器缴销。④

六为亲至各处校阅营伍:例如道光十六年,五月二十六日由清江赴泰州,将狼山镇所辖通泰各营校阅全竣,六月初四日回抵省城。⑤ 七月十五日自江宁起程前赴安徽校阅营伍。⑥ 七月二十九日至九月初九日,在江西阅伍。⑦

至于绥靖地方的实际工作,计有安置棚户、严抑讼棍、缉捕私枭,及其他盗贼等,分别略举如下:

一、安置棚户

安徽徽州、宁国、池州、广德四府州属境内深山峻岭甚多,往往有外来民人租山垦种,搭棚栖止,谓之棚民。此项棚民有由江广迁来者,亦有由桐城、潜山、宿松、太湖、舒城、霍山等处迁来者,亦有温、台

---

① 《陶文毅公全集》,卷二十二,页一一。
② 同前书,卷二十二,页二一。
③ 《军机处档》,第〇七〇一六四号。
④ 《陶文毅公全集》,卷二十四,页二二~二三。
⑤ 《军机处档》,第〇七一四七六号。
⑥ 同前档,第〇七二〇四八号。
⑦ 同前档,第〇七二三八八号。

沿海之人。① 由于分子复杂,易致肇事,陶澍设法在棚民较多之处编列保甲,按每十户设牌甲稽查,倘系零星三两户杂在土著之内者,即归入附近保甲内办理。按户编排,每查明一处,即就中选择诚实棚民作为棚头。通计徽州府属之歙县共有棚民一百五十六户、棚头十七名,休宁县棚民二百三十一户、棚头十三名,祁门县棚民四百三十二户、棚头二十四名,黟县棚民十户、棚头一名,绩溪县棚民十二户散住各保,不便编设棚头,仍令各地保兼管;宁国府属之宁国县棚民四百九十一户、棚头二十三名;池州府属之铜陵县棚民十八户、棚头二名,建德县棚民一百二十二户、棚头十二名,广德州棚民一千二百七十九户、棚头四十四名。② 由于安置得法,所以无形中消弭了不少乱事。

二、严抑讼棍

陶澍以"京控省控各案往往情节甚微而横生枝节,牵累多人,一经质讯明确多属无辜,问之原告又似非其本意",乃细加察访,得知受讼棍唆使,此辈讼棍往往借讼拖累,冀图讹索。故饬属密访,查明江苏南汇监生叶墉在省城以开张客寓为幌,暗地招集讼师包揽词讼,内外勾通串唆图诈,以致控案络绎,拖累无辜,大为地方之害。道光七年(1827),陶澍先后将叶墉等八名积年讼棍拿获,并究出在京揽讼各犯,皆置之于法,于是控案为之减少。③

三、缉捕私枭

清乾嘉以后,由于纲纪废弛,故江淮地区,贩卖私盐者,结伙成

---

① 《陶文毅公全集》,卷二十六,页一～三。
② 同前书,卷二十六,页四～六。
③ 《军机处档》,第〇五六一一七号;《陶文毅公全集》,卷二十四,页三一～三五。

群,如洪泽湖一带,大伙枭徒,每起百余人或数百人不等,水路则船数十只,陆路则车数十辆,为首者谓之仗头,俱有鸟枪器械,往往拒捕伤人。① 又如徐、邳、淮、海一带与安徽、河南、山东等处犬牙相错,亦枭匪出没,尤多逃犯潜匿,此拿彼窜,很难缉捕。陶澍在江苏时,与总督琦善面商,严饬地方文武无分畛域设法堵拿,以安民生。② 兹将缉获之重要私枭案件,按年列后:

道光五年(1825)冬,先后拿获徐邳枭徒贺三虎等二百余名,③又海州获犯尹广修等、泰州获犯夏太等、兴化县获犯王继茂等、宿迁县获犯何德等、睢宁县获犯王学魁等、赣榆县获犯彭贵等共计一百余名(或系结伙贩私,或系开巢护送,起有刀枪、火器、车船、私盐等物)。④

六年(1826),邳州获犯萧玉明等十余名(查起凶器十余件),海州获犯祁三、费小虎等二十余名(起获长枪一杆、壮刀四把),拿获盐犯王三、盛千春、邹兰、王怀礼等二十余名(起有车辆、盐斤),瓜洲拿获枭匪曹华、匪犯万景兴等(起有刀秤等物)、侉枭周得胜等七十余名,私盐数万斤。⑤

八年(1828),拿获安徽枭匪穆虎、郝元景。⑥

九年(1829),拿获大伙私枭。⑦

十年(1830),两淮巨枭黄玉林汇众贩卖私盐,大船数千石,小船数百石,辘轳转运,长江千里,呼吸相通,甚且劫掠官盐,其组织规模声

---

① 《清宣宗实录》(三),卷九十二,页九～一〇。
② 《陶文毅公全集》,卷二十四,页二四。
③ 《清宣宗实录》(三),卷九十三,页九。
④ 《陶文毅公全集》,卷二十四,页二四～二五。
⑤ 同前书,卷二十四,页二九～三〇。
⑥ 《军机处档》,第〇五九五四七号;《陶文毅公全集》,卷二十四,页三八。
⑦ 《清宣宗实录》(五),卷一百六十三,页七。

势浩大,伙党众多,出没无定,由于官兵严缉,道光十年五月黄玉林带同伙犯八名并船只盐斤赴官投首,情愿效力赎罪,但不久故态复萌,故陶澍于十月将黄玉林正法,其伙犯八名提至江宁省城收禁审办。①

十一年(1831),扬州瓜洲等营并江都县拿获枭王正标等十八名,并枪械赃物等件。② 同年,仪征老虎泾地方为商贾往来舟航丛泊之所,另有枭目蒋来山绰号蒋四长子,在老虎泾勾结潜藏护私抽利,该匪时船时陆,居址无定,均有伙党护卫,陶澍费尽心机,终于将其捕获并伙党数十名,并起获刀枪、火药等。③

十二年(1832),拿获贩私伤差李大留等七名。④ 盐枭王有道及其伙犯二十一名,救出被抢幼妇五口。⑤ 闰九月七日,捉获纠众二十人贩私拒捕致伤弁兵之枭贩顾朝升一名。⑥

十三年(1833),先后拿获枭犯顾椿、杨四老虎及丹徒纠抢客船复又贩私被获拟军到配脱逃之杨专安等三名。⑦

十四年(1834),先后拿获盐犯徐九等一百一十八名,起获私船二十一只、私盐十三万五千四百二十八斤。⑧

十四至十五年(1834—1835),先后拿获枭犯陈文学等一百六十九名,私盐二十万余斤,并起出刀械等件。⑨

---

① 《陶文毅公全集》,卷十一,页一~四、一二~一六。
② 同前书,卷二十五,页一。
③ 同前书,卷二十五,页三~五、一一~一二。
④ 《军机处档》,第〇六四七二三号。
⑤ 同前档,第〇六三八二九号;《陶文毅公全集》,卷二十五,页一三~一四。
⑥ 同前档,第〇六七三五九号附件二。
⑦ 同前档,第〇六七三六一号。
⑧ 《军机处档》,第〇六八〇三三号、〇六九一四九号;《陶文毅公全集》,卷二十五,页二三~二五、二六~二八。
⑨ 《陶文毅公全集》,卷二十五,页二九~三一。

十五年(1835)，拿获私贩王怀章等八十八名，私盐二十五万四千余斤，起获刀枪、金简叉、火药、砂子等。①

十七年(1837)，先后拿获枭犯马岭等七百三十八名，私盐八十四万六千六百六十六斤，船一百二十七只，并刀枪器械驴马车辆等。②

四、缉捕其他盗贼

陶澍在安徽时，即尽力捕缉盗贼，如拿获河南省逸犯王四（王相如）、皖省王怀正（王四老虎）、朱升等百数十名严行惩办，③并拿获结盟首从匪犯管希文等四十余名。④ 及调任江苏后，仍一本初衷，继续致力于除盗安良。如：

道光五年(1825)冬，南汇县获犯李大观等、青浦县获犯张和等、江宁县拿获安徽当涂县越狱重犯唐二等二名，泰兴县拿获上元县逃凶程喜一人、常熟县拿获崇明县逃盗陈二、顾大二名。⑤

七年，拿获邻省著名巨匪黄贝、卜豆等多名，并起有刀棍枪头等械，并访获积盗顾六及首伙蔡阿宝、周阿宝等。⑥

八年，复拿获凶盗习教等犯多名。⑦

十年五月，陶澍奉谕饬拿蔡绳祖、庞英假照案内各要犯，陶乃遴派干员分路缉捕，先后拿获刘东升、任松宇等，因而获赏太子太保衔，

---

① 《陶文毅公全集》，卷二十五，页三三～三四。
② 同前书，卷二十五，页三九～四一。
③ 同前书，卷二十四，页九～一〇、一一～一二、一三～一四、一五～一六、一七～一八。
④ 同前书，卷二十四，页一九～二一。
⑤ 同前书，卷二十四，页二四。
⑥ 《军机处档》，第〇五六四九三号；《陶文毅公全集》，卷二十四，页三六～三七。
⑦ 《军机处档》，第〇五九五四七号；《陶文毅公全集》，卷二十四，页三八～三九。

其他有功人员,如清河县知县张心渊等送部引见。①

十一年,捕获盗匪叶朝盛等十六名,救出被匪拐掳之妇女幼孩二十名,起出刀械赃物多件。② 六合仪征等营县捕获沿江劫抢讹诈扰害之积匪冷大等十五名。③

十二年二月,访获习教匪徒张义法等五名,另传徒之孟老藏、魏中沅及习教之孙老聚等在逃,陶澍咨会直督、豫抚查拿。④ 又于江西彭泽获劫盐犯阳乃文等。⑤

十二年冬至十三年六月止,徐州城守营拿获抢劫命盗等犯一百余名,沛县拿获山东教首靳希卜等五名,宿州、怀远县拿获捻首张红头等二十余名,洪泽湖附近各营县拿获强抢良家妇女脱逃多年之侉匪郭三银及强抢米盐船只之马八等犯数十名。⑥

十三年,拿获立会设教要犯江西宜黄土棍邹姓兄弟等。⑦

同年,拿获强抢强奸致毙人命及抢夺票盐放火拐贩奸占匪犯张奎等。⑧ 十二月又有盐户被抢,拿获首从抢犯张南枝等二十名,起获盐一万三千余斤。⑨

十三至十四年,先后拿获匪犯王玉琢等一百二十八名,其中贩私

---

① 《陶文毅公全集》,卷二十四,页四〇~四二。
② 同前书,卷二十五,页一。
③ 同前注。
④ 《陶文毅公全集》,卷二十五,页六~一〇。
⑤ 《军机处档》,第〇六七三五九号附件一;《陶文毅公全集》,卷二十五,页一七~一九。
⑥ 《军机处档》,第〇六四一七七号;《陶文毅公全集》,卷二十五,页一五~一六。
⑦ 《军机处档》,第〇六四九四〇号;《清宣宗实录》(七),卷二百三十八,页一五~一六;卷二百四十三,页七、二六~二八。
⑧ 《军机处档》,第〇六五七四八号。
⑨ 《军机处档》,第〇六七三五九号附件一;《陶文毅公全集》,卷二十五,页一七~一九。

抢夺为匪情节不一。①

十四年,拿获盗犯王金等七十一名、假官讹诈匪犯郭春坡等八名、匪犯杨献廷等十九名、抢盐匪犯周大扎等三十四名,②拜盟拦船索诈朱泳盛等十三名。③

十四至十五年,拿获盗匪王贵元等二十八名、山东省盗犯袁月等六名、诱拐抢夺回侉匪犯沙文恺等六名、匪犯孙克怀等三名。④

十五年,拿获强抢妇女放枪拒捕贩私讹抢之匪犯唐洪等二十二名、凶盗及各项匪犯赵老三等三百三十五名、抢劫盗犯刘尚美等九名、创立佛会敛钱匪犯阎大德等十名、讹索盐船持械逞凶常有等三十四名。⑤

十六年九月,拿获苏州城外山塘地方,传习教徒郭蕴得及伙犯二名。⑥

以上所举似嫌琐碎,但由此可见陶澍对于地方治安之重视与缉获匪盗之认真。两江地区的治安自因之而大为改善。

第二节　赈济灾荒

中国为一农业国家,农产的收成,受天然条件的影响甚大,例如气温的变化,雨量的多少,都不是人力所能左右的,而两江地区又在东亚季候风地带,气候的变化幅度甚大,常易导致水旱之灾。而一有

---

① 《军机处档》,第〇六七六三三号;《陶文毅公全集》,卷二十五,页二〇~二二。
② 《军机处档》,第〇六八〇三三号;《陶文毅公全集》,卷二十五,页二三~二五。
③ 《军机处档》,第〇六九一四九号;《陶文毅公全集》,卷二十五,页二六~二八。
④ 《陶文毅公全集》,卷二十五,页二九~三一。
⑤ 同前书,卷二十五,页三二。
⑥ 《清宣宗实录》(八),卷二百八十九,页七。

灾歉,立刻造成社会的不安。谨愿者饿毙,无赖者往往乘机聚众抢劫、暴动。为了社会安宁,地方官都以救济灾民为其重要的职责。陶澍对这方面的努力与成效,也值得加以重视。

道光三年(1823)四五月间,阴雨连绵,江水大涨,安徽濒江三十余州县堤圩皆破,田庐荡没。① 时陶澍正在安徽巡抚任内,乃乘舟亲往查勘。一面出示安民,其大意要被水人民宜各安义命,共保生全,切勿怨天尤人,自甘惰废,勿轻离故乡。水退后,应补插晚禾,种杂粮。如有匪徒借被水为名,骚扰善良,乘机抢劫,当立行正法,决不姑宽。匪徒如拦截强买苏浙商贩米船,饥民滋扰,致使商贩裹足,影响民间生计,定当严办。一面自己捐廉三千两,设粥厂,施钱米,又劝谕阖省绅士商民人等本着"人溺己溺,人饥己饥"的精神,劝他们助赈钱米,减价平粜,允许为他们按例请旨建坊,给匾旌赏;如有应行旌表情愿议叙者,由吏部覆议给与顶带。② 同时又向清廷奏请蠲缓,并援照嘉庆十九年(1814)采买成案,于安徽藩库拨款,委员赴四川、湖广、江西等省购米十万石,除留部分供灾缺兵粮,其余都运灾区减价平粜,③他区处条画,纤悉周至,所以灾区的流徙者老疾孩稚皆有所养,殍殣者获得瘗埋,并未有重要事故发生。而这些措施,在他苏抚及江督任内,每逢灾荒,也都是如此尽心推行。

道光四年(1824)夏,安徽沿江地区兼旬无雨,由于去年水灾之后,人民颠沛流离,元气未复,陶澍恐有灾旱,乃撰文向龙神祷雨。④ 六月十一日,又亲自自集贤关骑行十余里至大龙山龙神祠,展拜于苍

---

① 《清宣宗实录》(二),卷五十三,页二四〜二六;卷五十六,页一〇。
② 《陶文毅公全集》,卷五十,页一五〜二一。
③ 同前书,卷九,页六。
④ 同前书,卷三十三,页一一。

苔瓦砾间,又徒步登山约三里许,抵白马石,前俯天井而致礼,是日往返烈日中六十余里。① 为祈雨而祷神,以现代眼光来看,为迷信而难期功效,但在当时人们都相信大吏之诚心,可以感动天地,使他们存有希望,亦可因长官之关怀民瘼,而获得人心之归向。

同年夏,皖北地区蝗灾。闰七月十二、三日,陶澍偕藩臬诸人虔祷于省城刘猛将军庙,并飞饬委员督捕,次日蝗即为之尽净。②

道光六年,陶澍在江苏,因淮扬一带被水成灾,减坝开后,海州等处尤重。他乃奏陈灾区利害,计有可虑者八:一虑百姓颗粒无收,终年乏食;二虑清水太泄,明年恐难刷黄;三虑减坝虽开,只能暂缓目前之急,而高堰不坚终非了局;四虑粮船虽回,被灾各属米已蠲缓,无漕可运,旗丁水手谋食仍难;五虑明年江浙漕船帮次在前,自可挽渡,但恐江广船阻又须借黄,则河身必又淤垫;六虑海运虽经试行可备后策,而商舶须隔年雇定,若临期猝办则无船可雇;七虑下河久淤水无去路,亟须挑挖,若视为缓图,则岁岁偏灾,所伤实多;八虑东南财赋之地,元气屡耗,非三五年所能复原,民既困苦,官亦赔累,亏空由此而起,国用因之而绌。③ 凡此皆与河务相因,故请速堵减坝。④ 河务本非巡抚所管,但以地方紧要利害相因,乃越俎代筹,可见其公忠体国。八月以后灾民扶老携幼散赴江宁、苏、松、常、镇、太仓等属地方,每处各有数百至数千不等,陶澍认为此等民人颠沛流离,糊口困难,若听其沿门索食,既恐扰累闾阎,而积水未消,即资送亦无家可归,必须收留安顿,俟水涸时遣令回籍。乃与藩、臬两司暨道府首县等筹议

---

① 《陶文毅公全集》,卷三十三,页一一。
② 同前书,卷九,页九~一一。
③ 同前书,卷九,页一二。
④ 同前书,卷九,页一二~一三。

劝捐,并酌定办法,通饬各属一体收养。其所定章程之要点为:1.择栖止以资安集:饬令该地方官于城外多觅宽大庙宇,搭篷设厂,分别停住。2.设签册以便稽查:以十人内外立一排头,昼则分路求食,夜则仍聚一处,俾资约束,饬各厂责成首董按数查明,各系腰牌,给竹签一枝照验出入,仍照保甲之法,每厂设立一册,登载户口籍贯男妇大小口数,俟资送回籍时并册移知原籍。3.散给口粮以资养赡:按照地方大小,柴米价值,灾口人数,酌量分派留养,每日放钱放米或粥,按牌给发,将来回籍时即按册每名并给数日口粮以资路费,有愿早归者随时备文递送。4.分别男女以重廉耻:查明有眷属同行者在一处不得分置,其有妇人携带孤幼无长男同行者即分开居住,不许混在男众之内。5.施医药以拯疾病:人民被水远来,既受潮湿沾濡,又多不服水土,易生疾病,陶澍饬各厂选设医生二名随时给药调治,间有病毙者即日捐棺敛瘗。6.施棉衣以御寒冷:查明苏属如向有善堂者,劝令施放棉衣,由官酌量添补;其未立善堂之处,即倡捐募给以御寒冷;有孕妇生育者即加给包缠衣物。7.禁贩卖以杜拐掠:向来偶遇饥荒,转徙人民每将携带子女价卖与人,而奸贩掠卖之弊即出其中。故饬各属严禁贩卖,凡携带子女过多,实难哺养者,准其报明交育婴堂抚养。8.设巡卡以防匪类:各处河路向有名为倒撑船者,装载男妇,昼乞夜偷,丰岁亦所不免,此时饥寒之下,更恐鼠窃易生,亟须防范,故饬分段设立卡房支更防护。①

由于他对救灾工作之尽心,故对赈务积弊亦极关怀,因于道光六年十二月,陶澍向宣宗缕陈云:

臣意计所及,采访所知,大抵办赈之弊凡有数端:委员下乡,

---

① 《陶文毅公全集》,卷九,页一五~一八。

不知道路,或不谙土语,多借随行书役,而书役每多与乡保勾结,互滋朦混,其弊一也。委员夫轿及随行书役,所得饭食不敷,或责之乡保,乡保承应难支,或更雇人帮办,则又添食用,不免暗地取赀,其弊二也。各处村庄人稠势众,委员一到,往往捏增口数,或纵令妇女喧哓要挟,甚至拦舆围轿,故作搅混,责惩难加,理谕莫遣,其弊三也。或空屋无人,村邻代称外出,或携挈妇子,自称远道归来,纷纷求票,即恐系别保之人搀入难以猝辨,其弊四也。查赈之期,不过半月兼旬,其间有村庄辽隔,或雨雪阻滞,乡保知其不能久稽,故意引向远处难处,以促其期,疲其力。迨时日迫促,则未到之处,仍只凭乡保所开给票,其弊五也。乡保户口偶错,地方刁棍因挟其短而诋索,稍不遂意,纠党连控,承办者畏其拖累,遂预留地步,以浮冒为弥缝之具,其弊六也。乡保固多狡猾,亦有愚民不谙例应赈否,概求赈票,乡保驳斥,辄被殴辱,致有乡保不敢跟查,转听本境土棍开报者,其弊七也。或灾本轻微,乡保土棍,敛钱雇倩穷老劣衿,连名求赈,不准则奔控求勘,印委各官,惧以讳灾取戾,或蹈办理不善之咎,随亦不能坚执,其弊八也。放赈时不于酌中之地设厂散给,以致道途辽远,老病妇女不能赴领,或赴领而口数较少,仅敷往返食用,或不能赴领而托人兼领,被其侵扣,其弊九也。地方为富不仁之家,乘灾民窘迫,先给贱值买其赈票,一俟放赈,即持赈票雇人包领,是暗削脂膏,而灾民不能言,委员不及知,其弊十也。①

针对上述弊端,他提出除弊之法四条:

(一)查赈之限宜宽,宽则挨查之力舒而不至草率。放赈之

---

① 《陶文毅公全集》,卷九,页二〇~二一。

日宜分,分则领赈之人少而不至拥挤。其委员又宜假之以权,一有阻挠滋扰,解赴印官即行惩处,俾知严惮,自不敢藐玩以滋事。(二)委员携带书役及跟查之乡保,必须宽给工食,使之有力当差,如查竣一庄,毫无弊混,并应量加犒赏;稍有弊窦,立即重惩斥换,俾赏罚分明,自不致有勾结欺罔之事。(三)委员户必亲到,口必亲点,点验既确,然后入册给票,每查竣一庄,即将一庄内所有极次贫花名户口及应领银数开写榜示,粘贴庄前,如有诡户及舛错之处,许于数日内首告更正,则共见共闻,自无所施其捏冒之技。(四)多设赈厂,各就四乡灾民之便,老弱不难赴领,雨雪不虞阻止,自不致为代领者侵扣,亦不甘以贱值而卖其赈票。①

他认为上述四端,虽可除十弊,但总以得人为第一,即委各员得人,虽诸弊丛积,仍不难扫除。否则或先存染指,或畏葸无能,本身已不可靠,遑论其他。②

两江地区的水灾,以道光十一年最为严重,宣宗曾于七月,派白镕、朱士彦两位大臣赴江苏、安徽查勘灾情,③据浙江巡抚富呢扬阿于道光十一年九月间奏称:江南省被水灾民,由常、苏一带陆续来浙者,已有二万余人。④ 在这次巨灾中,陶澍曾拟有救灾章程十二条,其内容如下:

(1)倡率劝捐以赒贫乏:由陶澍出示晓谕劝捐,并即率属捐廉费为倡。以各村所捐之赀赡其本村,其贫村不敷捐办者,以邻近富村酌

---

① 《陶文毅公全集》,卷九,页二一~二二。
② 同前书,卷九,页二二。
③ 《清宣宗实录》(六),卷一百九十三,页四~五;卷一百九十四,页一七~一八。
④ 同前书,卷一百九十七,页五~六。

为协济,每处公举三两人经营董管,其捐项仍存于捐者之家,官吏皆不经手。

(2)资送流民以免羁留:灾民如聚集太众,恐致滋生事端,陶澍令随处稽查,予以资送,先询明本籍村庄,令其回籍待赈,如本籍无可栖止,或别处有亲故可依,及年力壮强愿往各处佣趁者,饬地方官酌给钱文派差押送,俟田庐涸出仍资送回籍复业。

(3)收养老病以免流徙:资送之法既行,强壮者分遣,其中老弱残疾,出既无力,归又无家,亦须分别留养。即以地方之大小,酌量人数之多寡,择城外宽敞寺院与之栖止,按日发给口粮,不准进城滋扰。

(4)劝收幼孩以免遗弃:贫民被灾外出,口食无资,致将幼孩遗弃道旁,陶澍劝人收养。抚成之日,或作子女,或作养媳,悉听其便,本生父母日后应不准认还,其有好义之家收养弃儿,仍情愿送还本生父母者,地方官倍予嘉奖。

(5)劝谕业户以养佃农:劝谕富厚业户,酌借穷佃钱米以度荒歉,俟至丰岁偿还,但不得倚灾强借,如有能收养多人或所贷数多而不责偿者,由地方官酌予奖励,使业佃以恩义相结。

(6)殓瘗尸棺以免暴露:饬沿江各县及救生等局,雇夫捞殓厝其棺柩,俟水退有人认实给还,如系无主尸棺,即买地厝葬,作为义冢。其有好善之人情愿捐办者,按其殓瘗多寡分别奖励。

(7)多设粜厂以平市价:除碾动常平仓谷照例减价平粜外,又委员分赴邻省陆续采买米麦,分拨灾重各州县设厂平粜,并分劝积谷之家,随力平粜,各济本村。

(8)变通煮赈以资熟食:粥厂需费较重,陶澍令兼用糊面以济不足。

(9)捐给絮袄以御冬寒:以棉花弹成絮袄,两面用线经网,不费布匹亦可御冬,其价既廉,鬻之无利,陶澍令酌量制办,于散赈时见有老病极寒者加给一件。

(10)劝施子种以备种植:陶澍恐灾民仓猝转徙,所存子种无多,赀本既竭,购备维艰,乃通饬劝谕有能施给子种者,或谷或菜,其功同于钱米。

(11)禁止烧锅以裕谷食:陶澍以为耗谷之具莫如曲糵,本地烧锅作坊伤损食谷最多,故令禁止熬烧。

(12)收牧牛只以备春耕:贫民往往鬻耕牛于私宰之人,陶澍令于捐项中酌提经费设局收养。①

章程虽再严密,仍不过条文而已,是否有效,要看其能否认真执行。因此他特别请调江宁布政使林则徐协助办理。则徐在当时已是有名的廉能官吏,陶澍请他出来协办赈济,可见其对灾民之重视。

由于大江南北频年被水成灾,陶澍认为年岁之丰歉无常,而阴雨之绸缪宜豫,与其临时捐凑,博济困难,不若先事图维,盖藏有备。所以他在皖抚任内,即曾劝设丰备义仓,并手定章程,大略为:(1)乡村无论百余家十数家,总以里居联络者公设一仓,每年秋收后各量力之盈绌,捐谷存仓,收谷时公同立簿登记,择一老成殷实人总管,再择一二人逐年递管,仍设立四柱交册分别旧管新收,开除实在明晰登载互相稽查。(2)乡村零户有难于联络者,或每族各为一仓,或一族中每房各为一仓,或以散户归入附近邻保共为一仓,均听民便。(3)谷仓宜择善地,不宜近水、近市,仓厫未立前,或神庙、公祠、老成殷实之家仓屋有余者均可借储。(4)仓谷间或有湿有粃,应于收仓时先为晒干

---

① 《皇朝道咸同光奏议》,卷三十三,页一一~一三;《陶文毅公全集》,卷九,页二六~三一。

车净,公共登记耗蚀,收贮年久又须公同出晒一次,复量上仓。(5)司事之人不容稍有侵蚀,亦不许借端开销。守仓之人应给予工食,责令巡查,其锁钥等项不得交守仓人佩带。(6)捐谷既有成数,即赴地方官呈明立案,以免匪徒阻挠扰乱章程,其后官吏概不与闻。里、甲长亦然。(7)积谷既饶,只须添建仓厫,不必推陈出新以求滋长,亦不必春借秋还以权利息,此为最要。但余谷置田收租。(8)每遇灾荒,总管分管外,添择公正司事,计谷之多寡,先尽本村中鳏寡孤独无告之人,次及极贫,又次及次贫,或五日一散,或十日一散。(9)捐谷之家,此谷既捐即系公物,遇有灾歉,各保各境,以乡村为断发给,其各族各房积谷者则不必以乡村为断。(10)果能积有三年五年之蓄,不妨略为变通,邀同衿耆划分若干,于乡间添设恤嫠、育婴等会,或于冬间,就村庄中鳏寡孤独与外来无告穷民量为赈济。(11)如有捐谷千石者,或捐银千两以上买谷归仓者,或捐置基产仓厫及斗斛诸器物用银千两以上者,均当照例请旌。(12)劝捐之外,尚有因事乐施一节,如民间演戏酬神及嫁娶喜期庆祝生日,尽可将糜费折谷捐入义仓。① 陶澍此一办法,后来亦行之于江苏,如林则徐即曾于苏州城内仿行。② 道光十五年(1835),陶澍并以缉私赏项余银五千两给上元、江宁两县,作为倡建义仓备谷之用。③

兹根据《清宣宗实录》所载,陶澍在抚皖、抚苏任内历年灾荒(1823—1830),并救济方式,列表于次:

---

① 《陶文毅公全集》,卷六,页一七~二一。
② 同前书,卷六,页二四。
③ 同前注。

赈济类别	被灾州县数	灾别	被灾年代	救济年代	说　　明
缓征	42	水	1823	1823	
	24	水、旱	1824	1824	
	18	水、旱	1825	1825	新旧额赋，其中一县又贷口粮
	26	不明	1825	1825	积欠额赋
	44	水	1826	1826	新旧额赋、各项银米
	59	水	1826	1827	其中六州县新旧银麦豆、十二州县频年积歉带征旧欠钱粮漕价、四十一州县新旧漕粮银米
	22	水	1827	1827	地漕各项银米
	9	不明	1827	1827	节年灾缓银米
	27	水	1827	1828	节年旧欠额赋，其中四州县缓征积歉新旧额赋
	32	水、旱	1828	1828	新旧额赋及各项银米，其中二州县再赈，七州县再给口粮
	24	水	1828	1829	积欠钱粮
	3	水	1828	1829	额赋
	33	水、旱	1829	1829	新旧正杂额赋
	30	水、旱	1829	1830	积歉田亩
	2	水	1830	1830	本年上忙钱粮并节年漕价钱
给口粮	9	水、旱	1822	1823	
	31	水	1823	1823、1824	其中十四州县并给房屋修费，于1823年救济，十七州县于1824年，其中一州县连给两次。
	2	水、旱	1824	1824	

续表

赈济类别	被灾州县数	灾别	被灾年代	救济年代	说　明
给口粮	1	水	1824	1825	
	1	水、旱	1825	1826	又贷口粮
	3	水	1826	1826	
	5	水	1826	1827	
	1	水	1827	1828	
	7	水、旱	1828	1828	
	11	水、旱	1828	1829	其中七州县已给一次
	1	水	1829	1830	两次
抚恤	28	水	1823	1823	其中五州县又抚恤又减价平粜
	11	水	1826	1826	
减价平粜	5	水	1823	1823	
	17	水	1826	1826	
免赋	24	水、旱	1823	1824	
	4	不明	1830	1830	旧欠额赋
免学田租银	11	水、旱	1823	1824	
给银米	3	水	1826	1826	
赈（不明）	19	水、旱	1823	1823	
	18	水	1826	1826	
	17	水	1826	1827	其中一州县又给口粮
	2	水、旱	1828	1828、1829	1829年再赈一次

资料来源：《清宣宗实录》。

清廷和地方官吏对于较为严重的灾荒地区，都有救济之法，一为免赋，一为赈济。赈济又有借贷、济粮、济钱等种。对于灾荒较轻地区，则实施缓征，缓征之赋漕，例于次年带收，虽只递缓而已，但民间却由此可稍获喘息。由上表，可知陶澍在抚皖、抚苏任内，对于灾情较轻之州县，奏准缓征者，共有三百九十五州县；而于灾情较重者，除缓征外，再采济粮（给口粮）、借贷（贷口粮）、减价平粜、抚恤等方式，或竟予免赋，计有二百三十一州县。陶氏于获报灾荒后，皆能立即处理，其灾情最重之州县，赈济两次。

尚有一事，亦可附于赈济内一述，即陶澍于皖藩任内，闻皖城育婴堂经费久缺，即亲往视察，获悉该堂以前所收遗婴不过一百数十，近则增至三百有余，而租息所出不敷数月之用。认为只有捐赀置产，才可以经久，故除他本人捐助外，并为之劝募，[1]使该堂得以维持。

第三节　兴修水利及沙洲之处理

大凡水旱之灾均和水利有密切的关系，若水利不修，则雨水丰沛时，无路可泄，便成水灾。而久晴不雨时，则又以平日蓄水无所，乃成旱灾。陶澍在安徽时为防灾歉，未雨绸缪，乃大兴水利。

安徽水利以治淮为首，淮水为洪泽湖之源，出自豫省桐柏山，流经固始，入安徽阜阳境至霍邱县之溜子口，而南纳淠水，至颍上县之八里垛，而北纳颍水。经寿州之正阳关以逮怀远至凤阳之蚌埠一带，河流曲折，时东时北，以次纳东淝、西淝、裔沟、黑濠、洛涧及洱河、芡河、天河、涡河、北淝河大小数十水，自正阳关以下，而入于洪泽湖。

---

[1]　《陶文毅公全集》，卷三十五，页三三～三四。

西有凤台之峡石山，东有怀远之荆涂山，将淮水重重钤柙，而淮流其间，水势本属纡回，故水流本自不畅。自嘉庆年间黄河南溃，夹带泥沙，淮流淤垫成高，以致左右收纳各水不能畅入，节节壅滞，回漾成湖。而洪泽湖因启放黄流，其西岸已多淤滩，为此常常一雨成灾。陶澍曾亲登涂山、八公山绝顶，览全淮形势。他认为若将淮水疏刷，不特水深泥滑之处难以兴工，兼恐沙泥直下，更增洪湖之患，乃主张：（一）筑堤束水，俾清流畅入湖心，既可蓄以敌黄，而于两岸民田即可借堤保卫。乃节饬各州县设法修堤防。① （二）扩大洪泽湖蓄水量以资敌黄，陶澍遍历滨淮各处，查知凤阳县境之花源湖、寿州境之城西湖、凤台县境之旧冈湖，三湖皆周围数十里，均可抽沟引导入淮。其中城西湖、旧冈湖两处抽沟所需经费约数千两，由该州县劝民办理。花源湖在凤阳县境，该县民多穷乏，势难捐办，陶澍乃从道库旧存水利平余银两中，提用银二千两交凤阳县办理抽沟工作。又知怀远县荆山口之南，有一新涨沙洲名葫芦系，东西横长十余里，阻遏芡河，淮水自西南而北绕此洲，倍形迂曲，以致水势倒漾，为上游各州县之患，必须将其凿断，使芡河口门通畅，淮水可得建瓴直下，陶澍亦于司库积存宿灵抽沟利息银两内提银一千二百两交怀远县疏挑。② 又查知花源湖之北有一牟家湖，亦可引水入淮，西有旧沟一道，直抵淮河，长五百八十余丈，应行挑浚，后由该境耆民陈姓、刁姓、牟姓等佥请照业食佃力之法，捐赀集夫挑办。③ 经陶澍如此细心整治，淮患暂时平靖。

治淮以外，为治湖泊。皖北方面，如寿州之芍陂、怀远之郭陂塘等及沿江各圩埝不下数百所，陶澍均劝民修筑堤防。又为筑江堤河

---

① 《陶文毅公全集》，卷二十八，页四。
② 同前书，卷二十八，页一～二。
③ 同前书，卷二十八，页七。

堤。如江北之无为州,陶澍于道光四年三月二十六日(1824.4.24)奏称"无为州江坝工程紧要,并添筑月坝,挑挖引河,请借帑兴修"。① 又如江南铜陵县之边江老坝,绵长六十余里,共需土方一万七千有余,亦督饬该县劝令士绅等计亩摊修。河堤则如宣城、南陵、繁昌等县多被冲刷,其中金宝圩周围一百七十余里,养贤圩、叶村湾、管嘴滩等处缺口各长五六百丈,高至二三丈不等,陶澍均督饬该府县等劝谕捐修,次第竣工。② 皖西南方面,望江县之妙克图等圩,周围三十余里内有田三万七千余亩,一经夏涨,即虞淹没,陶澍通饬该县,令绅民计亩出夫,通力合作,筑堤择水。③

其后陶澍调任江苏巡抚,前后也浚治了不少河流,如:

1. 吴淞江:江浙水利以太湖为最大,所灌溉者,包括苏、松、常、太、杭、嘉、湖等七府州之田亩以亿万计,该处漕粮居天下之大半,皆恃太湖为之润溉,因之不徒忧涝,并宜防旱。④ 太湖分泄入海之路有三:一吴淞江,即古之中江,为太湖正流;一黄浦江,即古之东江;一刘河,即古之娄江。就中以吴淞江为众流入海之要津,东南水利之关键。自明代以来,言水利者往往不顾全局,遇有壅滞,不治其本,而别开津汊,以苟一时之利,以致支流愈分,正流日塞,加上民田侵占,争及尺寸,江流日隘。⑤ 道光三年后,吴中连岁水灾,大抵由于太湖入海之路不畅所致,故陶澍主张先浚吴淞江。以前议治吴淞江者,皆以建闸御潮为首要,谓潮来下版,可以遏沙,潮退启版,清水仍可畅出。⑥

---

① 《清宣宗实录》(二),卷六十六,页三四。
② 《陶文毅公全集》,卷二十八,页六。
③ 同前注。
④ 《陶文毅公全集》,卷二十八,页八。
⑤ 同前注。
⑥ 《陶文毅公全集》,卷二十八,页九。

然陶澍亲自覆勘，由青浦、华亭至上海，见黄浦无闸，而海潮鼓荡江面阔深。吴淞江有老闸、新闸，沙泥淤积，船只往来反俟潮水为之浮送。① 他认为吴淞江为中条正干，非支河汊港可比，宜宣不宜节，独去其闸，直其湾，阔其源，深其尾，塞其旁泄，使溜大势专，足以敌潮刷沙东下。② 于道光七年七月十五日（1827.9.5）奏请疏浚，十月动工。③

吴淞江自井亭渡起至曹家渡止，计四十三段，工长一万八百八十九丈八尺，挑土一百十四万三千七百八十三方一分七厘，分别深淤、浅淤，估银二十九万三千零二两八分一厘四毫，筑工头工尾柴土坝座银六千一百八十五两三钱四分，总计挑河筑坝估银二十九万九千一百八十七两四钱二分一厘四毫。分作十二分，由得沽水利之元和、吴江、震泽、昆山、新阳、太仓、镇洋等八州县各承挑一分，原领办之上海因县境工段较长，承挑二分，青浦、嘉定二县各承挑一分。④ 在新阳县所挑工段内，起出远年沉溺粮船一只，板片朽烂，舱内尚有磁碗、煤炭等物。上海县所挑工段内，亦起出远年沉溺海船一只，板片烂朽，有洋木、秤杆、铁锤等物，⑤可见开挖之深。费银二十九万九千一百八十七两，原借平粜缓漕米价银二十六万五千七百三十二两，陶澍奏准改作挑浚吴淞江经费，就款开销，余不敷银三万三千余两以及兴工后因遇雨雪，车犀一切费用增多，并各州县于原估之外，加挑宽深，所需银皆在外筹捐。⑥

道光八年三月，吴淞江竣工，此后海潮直过昆山而西，水深二丈

---

① 《陶文毅公全集》，卷二十八，页九。
② 同前书，卷二十八，页一〇。
③ 同前书，卷二十八，页一二、一八。
④ 同前书，卷二十八，页一三～一四。
⑤ 同前书，卷二十八，页一八。
⑥ 同前书，卷二十八，页二〇～二一。

以外，其拦潮大坝内外刮刷淤泥立尽。道光九年，江宁、镇江、淮安、扬州等四府复大涝，而苏州、松江二府之灾少。道光十一、二年江潦连岁横溢，而吴田不告大灾，皆与吴淞江恢复泄水功能有关。①

2.运河及练塘：徒阳运河为江浙两省漕船要道。自丹徒县境江口起，至丹阳县之吕城地方止，长一百四十余里，水无来源，全借江潮灌注，由于潮汐挟沙而行，潮落沙停，故此河易致淤塞，须年年挑浚，向系每年一小挑，六年一大挑。② 大挑由苏松常太扬通六府州属酌派十一县与镇江府属丹徒、丹阳、金坛、溧阳四县分段承办；小挑由丹徒等四县负责，如积淤较重，上述四县力难胜任，则酌添外府属县二三员帮办。③ 由于承办州县正值漕仓收兑之时，不能常川驻工查察，故常被幕友丁书朦混开销及夫头等讹诈，以致偷工减料，挑浚不能如式。道光六年，陶澍即革除上述弊端，责令承办州县各举素悉廉干之员，详明派赴工次代办。④

练湖在徒阳运河之上，古名曲阿后湖，又名练塘，收纳长骊诸山八十四汊之水，北接丹徒境，谓之上练湖；南接丹阳城，谓之下练湖，⑤周围一百六十里。自晋迄于唐宋，皆加修治，每于春夏蓄水，秋冬济运，遇浅涸即放湖水。⑥ 惟自康熙年间，上练湖已改民田升科，仅存下练湖四十里，只能灌田，不能济运。所有涵洞滚坝，形同虚设。练湖废而徒阳运河岁借挑挖，实为繁费，陶澍曾于嘉庆二十一年（1816）巡

---

① 《陶文毅公全集》，卷二十八，页五四。
② 同前书，卷二十七，页二；军机处档，第〇五七六三三号。
③ 《陶文毅公全集》，卷二十七，页二；《军机处档》，第〇五七六三三号。
④ 《军机处档》，第〇五七六三三号；《陶文毅公全集》，卷二十七，页三～四。
⑤ 《军机处档》，第〇五七六四七号；《陶文毅公全集》，卷二十七，页七。
⑥ 《军机处档》，第〇五七六四七号；《陶文毅公全集》，卷二十七，页七～八。

视南漕任内奏请修治。议者难之。① 道光七年冬,陶澍利用挑河之便,亲自勘查,认为练湖居高临下,正得泻水济运之宜,应加筑堤埂,方能多蓄。其湖身正北之黄金闸,地近庄前河(上练湖初受山水处),上承马陵桥来水,下达范家沟入运,尤为全湖咽喉,为蓄水要枢,亦为放水关键,必须修复。又在范家沟(丹阳县上游二十五里)北附近原有黄泥闸一座(嘉庆二十二年建),由于只知江潮灌入运河,不知有练湖可以放水入运,故自修造以来,迄未见效,陶澍认为应将黄泥闸移建稍南五里之张官渡。再练湖废弛已久,经久之策,必须全湖加堤筑埂,修复运河诸闸及滨湖涵洞。估修黄金闸木石各工及筑坝㡳水添换绳板各项需银一万四千两。移改黄泥闸至张官渡需银一万两,共需银二万四千两。② 黄金闸于道光九年三月十五日开工,五月二十一日竣工,共长二十七丈,高二丈,连海漫石二十一层。③ 张官渡新闸于同年四月十五日兴工,六月十七日完工,共长五十一丈二尺,高一丈八尺六寸,连海漫石二十层。④ 两闸既成,徒阳运河有了上源,不必全恃江潮了。

3. 浚吴县雕鹗河:太湖厅属之雕鹗河、黄杨湾等处,本系洞庭东山由内港直达苏城之要道。该厅地踞湖中,一切由此通舟来往。后雕鹗河淤塞,人民改由外湖,须经涉风涛四十余里之险。道光十年,太湖厅同知刘鸿翱以浚雕鹗河为要工,乃禀请陶澍挑浚,陶澍饬委吴县知县熊传栗会同勘估,该同知捐廉首倡,绅士等皆踊跃输捐鸠工,自道光十年正月起至闰四月杪止,将应挑应筑各处一律办竣,陶澍乘

---

① 《陶文毅公全集》,卷三十四,页九。
② 《陶文毅公全集》,卷二十七,页一〇~一三。
③ 同前书,卷二十七,页一五~一六。
④ 同前注。

坐小舟亲赴洞庭东山验收,计石工共长五千七百四丈,挑土七万四千六百四十五方零,又建石塘石口工长一千四百一十六丈,会核青铁黄石一千八百五十四方零,总计实用土方夫工并石料桩木等费银一万五千一百一十两。①

后来陶澍升任两江总督,对于江南水道之浚治,更视为要政,计其在江督任内,疏通之江南水道,有孟渎、得胜、澡港、刘河、白茅等。

1. 孟渎、得胜、澡港三河在武进县境运河之北,皆南通运河,北达大江。其功用遇旱灾则引江潮以济运、灌田,并可直达无锡、金匮、宜兴、荆溪各县以资接济;如遇水潦即宣导入江,不致壅溢为患,为各属水利要道。惟澡港河自乾隆三十年(1765)、得胜河自嘉庆十一年(1806)、孟渎河自嘉庆二十年(1815)兴挑后,均淤塞不通。陶澍乃亲与查勘,知此三水并无江潮灌输,易于成灾,故疏浚工作为刻不容缓之工程,估需工费银共二十万六千七百余两,其中孟渎河估需土方夫工例价津贴连坝座工料共银十三万四千五百七十两,挖废沙田、拆移草房、迁让坟地,计需银二千九百六十三两,河中添建闸座,需银一万八千八百六十二两。得胜河估需例价及津贴等银三万六千九百三十九两。澡港河估需例价及津贴等银一万三千三百八十三两。由陶澍奏准由缓漕米价银内动支借给,循照旧案归于武进、阳湖、无锡、金匮、宜兴、荆溪等六县分别摊征归款,分作十年摊还。②

道光十一年二月,先挑得胜、澡港两河,后挑孟渎河,十三年四月完工。三河工段共长二万六千四百余丈,灌溉武进县田二十九万四千六百余亩,其余阳湖等五县亦各分沾其利。实际用费土方夫工料

---

① 《苏州府志》,冯桂芬等纂,1970年成文影印,卷十一,页二三~二四。
② 《陶文毅公全集》,卷二十八,页三一~三三。

物等项共银十八万九千六百六十七两八钱七分六厘,添车戽雨水,实用水方夫工银六千九百三十四两五钱六分四厘,较原估节省银一万一百二十二两二钱一分二厘,移武进、阳湖二县按月一分生息,将息银解存司库,作为该三河岁修经费。①

2. 刘河、白茅河:

刘河、白茅河为太仓、常熟一带之主要水道。刘河源出太湖东北,至新阳县界之新造桥与吴淞江分流,而东绕太仓州城,南历镇洋、嘉定等界,东入于海,绵长七八十里,为农田灌溉宣泄要道。自嘉庆十七年(1812)疏浚之后,沙泥淤垫,旱涝无从灌泄,尤其从道光三年水灾后,淤垫更高,几乎成平陆,以致太仓州属棉花、稻谷频岁歉收,征解钱漕极形棘手,而且下游壅塞即影响上游苏松一带水道。陶澍等为了节省工费,且免日后受淤,主张将刘河挑成清水长河,坝其海口,使不通潮,专蓄清水。刘河自吴家坟港口起,至白家厂;盐铁老坝基起,至吴家坟港;老虎湾至红桥湾及陶家嘴、钱家嘴等处,通计工长一万五百十六丈,估挑面宽十丈余尺至八丈余尺不等,底宽三丈平水面浚深九尺;南北两岸切滩并挑土山土埂以及修筑通工坝闸挖废民田给价等项约估银十六万五千三百二十余两,②其后动工挖竣完毕,总计通工土方连修筑闸坝,挖废民田给价等项共费银十三万四百二十二两,较原估节省银三万四千九百两,留作兴挑上游淤浅水道及太仓州七浦河道之用。③

白茅河坐落常熟、昭文二县境内,承纳长洲、元和、无锡、金匮、江阴、常熟、昭文等七县之水,以达于海,绵长五六十里。旱则赖以灌

---

① 《陶文毅公全集》,卷二十八,页三七~三九。
② 同前书,卷二十八,页四七~四九;《军机处档》,第○六七三一六号。
③ 同前书,卷二十八,页六一。

溉,潦则借以疏消。由于淤塞多年,未见兴挑,影响农田收成,经陶澍等奏准归官民捐办,以工代赈。[①] 此河自支塘东胜桥起,至海口止,工长七千八百四十丈,估挑面宽六丈,底宽四丈,深一丈,所需挑浚土方并建新闸及滚水坝一座,共约需银十一万两。[②] 由陶澍等率同司道府县倡捐廉银,并劝常熟、昭文两县绅商富户捐贷,[③]并以工代赈,于道光十四年三月初动工,四月底完工。[④]

刘河、白茅河疏浚之后,适太湖水骤涨,将淹及城区,即启刘河、白茅河海口各坝,不三日水消,岁仍大熟。[⑤] 十五年夏间之亢旱,幸赖吴淞、刘河、白茅河等处挑浚宽深,蓄泄得力,不致成灾,[⑥]充分显示疏浚后之功效。

3. 长江沙洲之处理:

江苏省位于长江下游,江面较宽,江水中挟带的泥沙渐渐沉淀,形成沙洲,或在江心,或在江边与陆地相连,这些新生地往往被当地有势力的人占为己有,这些人名为沙棍,他们之间也互相冲突。嘉庆十七年,两江总督百龄等向政府奏准将江边的耕地被江水坍没之后,地主仍愿向政府纳税而保留土地的所有权,等到后来有了新生地,这些新生地(沙洲)便归原地主所有。假如新生地是位于江心,则概行由官方出售,以缴价之先后来决定买主,[⑦]这本来是为了杜绝沙棍的争斗而定的办法,但是利之所在,弊即丛生,经陶

---

① 《陶文毅公全集》,卷二十八,页四八;军机处档,第〇六七三一六号。
② 同前书,卷二十八,页四九;同前档。
③ 同前书,卷二十八,页五一;同前档。
④ 同前书,卷二十八,页五一;同前档。
⑤ 同前书,卷二十八,页五九。
⑥ 《娄县续志》(一),汪坤厚修,张云望纂,1974年成文影印,卷五,页一~二。
⑦ 《陶文毅公全集》,卷十,页一。

澍调查后，详述其情形如下：

> 其余有洲各属，则皆积惯沙棍恃有留粮待补，或因该洲将涨即先捏报被坍，预为冒升地步，或向被坍之户私买坍粮，为争讼地步，一遇新涨沙洲，即纠诱散户以得地均分敛钱兴讼，非以甲地之相连捏为乙地之接涨，即以此号之旧额指为彼号之复生，分投具呈，各报各案，其无可影射者，则又以突涨争买，沙未出水即已望影报升，百计诱张，纷岐（歧）错出，甚至恃强争斗，动辄伤毙多人，积衅成仇，愈难解释，而棍蠹欲壑无穷，犹且多方唆弄，或抗不具结，或已结复翻，或捏情京控，案一日不能结，彼仍获一日敛钱之利，而小民赀本已空，欲罢不能，未获沙地之利，转受沙地之累，此则沙棍为害而自留粮待拨，又因法致弊之实在情形也。

他并曾将丹徒的乐生洲收归公有，将其租税作为每年的运河挑浚之费，因而平息沙棍们的争讼。有了这个经验，他便向清廷建议，凡长江中的新生地，都收归官有，他说：

> 今之沙洲，不但穷苦编氓断不能得，即稍有力之善良一被勾诱，辄至倾家，若复因夺而斗，身命且多不保，是徒有利于棍蠹，而实无益于良民，则以之充公，正所以息争安良，且洲仍民佃，并非与民争利，而受佃于官与受佃于豪强，其租息之轻重亦殊，于穷苦编氓更为得济。况地方遇有例外应办之事，恒以费无所出，每致束手。大江南北地广政繁，应办事宜更复不少，举其大者言之，夫东南为财赋所出，全赖水利为功，现在各属河道湮塞，旱涝无备，一遇灾歉，公私伤损。上年虽将吴淞江奏请疏浚，而浏河、白茅、孟渎诸巨流，尚以经费难筹，致稽挑办，即徒阳运河亦多赔

累,如练湖等处即未能修治,若淮扬所属河道,固应河工盐务修理,间亦有须地方筹办者,徐、海两属并有东省豫省下注之水,一遇雨泽稍多,辄成涝歉,实属目前至急之务,国家经费有常,既未便频频请帑,若责之州县,又力有难能,任其湮废,则民困而赋税亦无所出,今幸有此自然涨出之沙地,如以之拨充公用作为水利津贴,纵不能大举一修,亦可以择要办理,逐渐成功,既无损于国计,实有利于民生,堪以一举两得。①

于是陶澍订定章程如下:

  一、已坍未报之案,应令各州县查明豁粮也。查留粮待补之例业已停止,其例前达部覆准留粮之案,新例原准拨补,自无庸议。惟各厅州县办理留粮,间有自行注册,或虽详报,而辗转驳查,未经详咨达部者,此时既不便补请留粮,自当勘明请豁,即业经咨部留粮各案,如所留之粮,节年拖欠不完,是徒有留粮之名,而无留粮之实,应将赋额豁除,免追积欠,注销待补之案,以杜习巧。

  一、租额应分别定数,一律征收折色也。查归公滩地垦种启科之后,即应征租,若按其所得花息派拨员役临洲分收,不特薪水多一开销,即收贮亦多折耗,且运送变价辗转过手,易于中饱,自应概收折色。

  一、升科地亩,应俟生有芦草,再行起科也。查芦课《全书》有水影、光滩、泥滩等项名目,均无租息可收。嗣后归公洲地应俟生有芦草再行升科起租完课,所有应完课银即由该地方官于租息内划款批解,至遇灾蠲缓,遇坍报豁,仍与民洲一律办理。

---

① 《陶文毅公全集》,卷十,页二~四;《皇朝道咸同光奏议》,卷二十九,页一九~二〇。

一、报部清册，应查照部议，于年终造册，开列四柱总数报部，无庸随时逐案详咨，以归简易也。查沙洲租息系奏明为择要兴修水利津贴，以地方自然之利充地方必需之用，实属以公济公，遇有应办水利，由藩司确勘地方缓急情形，详明督抚酌核动放，岁终仍由藩司将一年收支数目汇报督抚备核，层层稽察，自无弊混，至动用工费之际，时价间有低昂，未能画一，非年例兴修可比，即不能悉依例价造报，应请每年由两藩司各开管收除，在四柱总数册详咨报部，其工程细数无庸再行开造，亦无庸逐案详咨，以免辗转驳查登覆之繁而省案牍。①

经陶澍如此处理后，不但江苏省增加许多官地，各州县的水利工程费亦有著落，而且杜绝沙棍们的打斗和诉讼，地方的治安也因此获得改善。

第四节　地方营建

中国从前有一句俗语说"官不修衙"。意思是做官的人即使有钱，也不愿意修理办公处所。因为假如有的是私款（譬如养廉银），当然谁也不愿损己利公，假使有的是公款，那么一切请示、报备、报销等手续，十分麻烦，谁也不愿意为此费神，而且任期是有限的，很少人愿意自己种树，供后任者乘凉。这种心理，也影响到对地方公共建设的推动。但陶澍则不然，对有益于地方之工程，一直积极地进行。他在苏抚任内所完成者有：

---

① 《陶文毅公全集》，卷十，页八～一一。

1. 修苏州府城

苏州城垣于道光三年(1823)夏间,因雨水过多,河水漫浸,城根坍损,前抚张师诚议加修葺,勘明共估需工料银三万九千六百十四两,奏明该项经费于罚缴充公及吴淞江经费生息本银并捐赈余剩银内动用,实际动工是在陶澍任内,长洲县应修工段实用银六千四十九两,元和县应修工段实用银一万三千九百九十两,吴县应修工段实用银一万九千五百七十五两,于道光五年九月以前先后修竣,由陶澍亲自覆勘验收。①

2. 苏州沧浪亭

苏州沧浪亭为宋苏舜钦(子美)别墅,南宋则韩蕲王居之,岩石玲珑,水木清美,为城中名胜之冠,其后更数百年,荒芜已甚。道光七年,陶澍加以重修,又举吴中前贤暨自古名流之宦游流寓于吴地者,绘像合祀五百名贤祠,俶成之日,招贤士大夫退居林下者,创立五老会,亦绘像赋诗以张之。所谓五老者系指最老内阁中书潘奕隽(年八十八)、次山东道监察御史吴云(年八十一)、山东按察使石韫玉(年七十二)、刑部尚书韩葑(年七十一)、陶澍(年五十),②一时称为盛事。

3. 重修铁铃关文星阁

铁铃关位于苏州,乃元至正三十二年(1370),平江路总管万户宋通等为防倭寇入侵而建,明嘉靖三十六年(1557),倭患更炽,巡抚御史尚维持、知县安谦复加修筑,上建雉堞以发矢矞,置楼橹以资守望,所以是一个军事据点。清康熙年间,里绅蒋太史恭棐等请郡守陈鹏

---

① 《陶文毅公全集》,卷二十九,页一~四。
② 《郎潜纪闻》,卷三,页五;《小万卷斋文稿》,卷十八,页三;《庸闲斋笔记》,清陈其元撰,《笔记小说大观二编》,卷五,页七。

年构文星阁于关之巅,于是又成为名胜之地。乾隆二十七年(1762),里人曾鸠工修缮,但日久又见倾圮。陶澍听从乡贤石韫玉等建议重建铁铃关,仍置阁于其上,并供梓潼神龛,表示偃武兴文之意,由陶本人及藩司梁章钜、臬司衍庆等率僚属履勘基址,分俸重修。道光九年七月动工,同年十二月落成,共费银四千余两。①

4.重建尹山桥

吴中古称泽国,支滨汊港十纵九横,水之储泄以闸堰为安,而交通往来则以津梁为亟。自苏州城出葑门南行十八里,有一座尹山桥,上承太湖之水,下达吴淞、刘河,为东西水道之咽喉,而运河横穿其间,其桥跨运河为之,高出樯帆之上,原为明天顺时巡抚万安刘公督属所建,道光三年为大水毁坏,陶澍乃与布政使贺长龄商议重建该桥,以补城工水利之用。道光七年三月兴工,费时半年,九月落成,东西长二十二丈有奇,高四丈二尺,广如其高三分之一(即一丈四尺)。②

道光十年八月,陶澍擢升两江总督,至十九年三月九日(1839.4.22)因病解任止,前后十年,在这十年中又兴修不少工程:

1.云台海曙楼

云台山顶有海曙楼,为望海、观日出之所,久圮,陶澍于道光十二年登山到海曙楼,见荒圮一片,寸椽尺桷无存者,因倡捐选匠修复之,道光十四年仲冬落成。③

2.重建宝带桥

东南之水潴于震泽、尾闾于三江,而吴江县之长桥及元和县之宝

---

① 《陶文毅公全集》,卷三十四,页三~四。
② 同前书,卷三十四,页一二~一三。
③ 《云台新志》,卷第十四,页二二。

带桥实管钥其门户。自道光三年以来,吴越大涝,三江淤塞,水患频仍,东南田赋什不一二,道光七年陶澍奏请疏浚吴淞江。迨督两江,林则徐抚苏,乃大事治理江南水利工程,计自道光十二年至十五年间,先后疏浚刘河、白茅河、七浦、徐六泾之口、昆山之至和塘、太湖之茅淀等,至是三江口之宝带桥亦成。前后历时三载,耗金数万。总其事者为元和知县黄冕。①

3. 海州州判衙署

海州州判,陶澍曾经奏明试行移驻响水口地方,后以自移驻以来,弹压得力,地方安静,颇有成效,乃建设衙署以资办公,所有估需工料银一千九百八十四两四钱八分三厘,于道光十五年正月奏准在于司库存公银内照数动给。②

4. 江宁社稷坛

江宁省城旧有社稷坛在城外西南隅,道光十一、十二、十三年连年江潮骤涨,一片汪洋,水深五六尺,淹浸至四五月之久,致将神坛房屋漂荡无存,周围墙垣倒塌,每届祭祀,雨水时多,或移于城北之鸡笼山,或在南郊之雨花台,陶澍认为祭社而"无坛基,又无一定地方,实非所以妥神灵而昭诚敬",乃谕令择地修建,奏准动用捐赈余剩银两项下,于道光十五年修建。③

5. 江宁北极阁、御碑亭、鼓楼

江宁省城北极阁、雨花台御碑亭三座及城北鼓楼碑座因道光十一、十二、十三年,连岁雨水过多,楼亭梁柱墙垣多半损坏,陶澍认为

---

① 《古微堂外集》,卷六,页一三~一五。
② 《陶文毅公全集》,卷五,页二二~二三。
③ 同前书,卷二十九,页五~七。

不及早修葺，一经塌卸，需费更多，乃命工修，亦于捐赈余剩银内动用，不敷银两，另行捐廉办竣。①

6. 明陵

明陵在上元县境，曾于嘉庆二十四年(1819)修葺，由于已逾年限，一切多有朽损，道光十五年六月五日(1835.6.30)，风雨大作，明陵大殿、朝房、碑殿、宰牲房、戟门等处以及玉河桥、甬道、栏杆、墙垣均有倒卸。他即请工估价，约需工料银三千二百八十八两九钱四分八厘，于司库存公银内动用兴修。②

由于陶澍之注重地方营建，于是在其影响下，很多地方官亦起而响应。现有纪录可查者，如：

1. 海门厅文庙

海门厅文庙自嘉庆四年修理以来，迄道光十三年，三十余载，该处沙土浮松，殿宇墙垣渐就倾圮，亟宜修理，经署海门同知徐麟趾首先倡捐，并劝谕绅士协力捐输，将大成殿、崇圣宫、尊经阁、明伦堂等次第拆修，并添建奎星阁、泮宫坊并司禄、忠孝两祠一律完竣，共用工料钱三万七千二百余千文，陶澍于道光十四年二月六日(1834.3.15)奏准奖励。③

2. 青浦县文昌宫、考棚

松江府属之青浦县向未设立考棚，每遇岁科县考，只在县署举行，地窄人多，殊形局促，又自嘉庆六年(1801)奉旨饬建文昌宫以来，该县尚未建立，道光十三年，该县知县蔡维新倡捐银二千五百两，董

---

① 《陶文毅公全集》，卷二十九，页八～九。
② 同前书，卷二十九，页一〇～一一。
③ 《军机处档》，第〇六七一〇六号。

劝绅民踊跃输将,兴建文昌殿宇并建造童生考棚,置备桌凳,共用工料银一万一千一百余两,陶澍于道光十四年二月六日奏请奖励。①

3.常熟、昭文二县城垣

苏州府属之常熟、昭文二县地处海疆,有共辖城垣一座,自雍正年间修葺以来,百有余年未经修理,日形坍塌,查勘坍塌处所共应筑炮岸二百卅五丈七尺,应修城墙一千九百七十四丈四尺,估计工料银四万一千一百八十两,经官绅协力捐修,于道光十三年二月六日(1833.3.26)开工,后通工完竣,陶澍于道光十四年三月十六日(1834.4.24)奏请奖励。②

4.宝应县城垣

宝应县城垣营房等,因年久坍塌,该县知县唐汝明以国家经费有常,未敢遽请动项,呈请委员勘估劝捐兴修,陶澍饬令筹办,由该县等倡捐,共得捐银二万一千七百七十八两,于道光十五年四月十四日(1835.5.11)开工,十二月二十日完工。后陶澍曾将该知县奏请奖励。③

5.如皋县城垣

如皋县城垣自乾隆三十五年(1770)修理后,逾六十余年未经修理,城身臌裂,城脚炮岸土牛亦多损坏,道光十一年间,雨水过多愈形坍塌,该县知县范士义倡捐廉银六百两并劝谕绅富捐输兴修,于道光十五年十二月二十三日(1836.2.9)止,一律修竣,共用工料银一万二千八百七十二两,陶澍于道光十六年七月二十六日

---

① 《军机处档》,第〇六七一〇六号。
② 同前档,第〇六七二七号。
③ 同前档,第〇七一九六七号;《陶文毅公全集》,卷二十九,页一二~一四。

(1836.9.6)奏请予以奖励。①

6. 福山城垣

福山城垣在常熟县北滨临大江,与狼山对峙,为海疆扼要之地,建自前明,因历年久远,未经修理,以致城垣坍塌,经陶澍等委员会同该县等查勘,估需工料银二万一千余两,后该府县等倡捐银两率同绅富劝募捐资,于道光十六年八月十八日(1836.9.28)开工,十一月十八日完工。②

7. 扬州文庙

扬州府及江都、甘泉二县文庙,自道光八年坍塌后,因灾歉频仍未及筹捐修理,道光十六年由前后两任知府劝捐完竣,陶澍于道光十七年十二月十九日(1838.1.14)奏请奖励。③

8. 徐州城垣

徐州府郡城周长一千六百二十六丈五尺,自乾隆十六年(1751)、嘉庆二年(1797)间段修补后,逾数十余年未经修理,日形坍塌,道光十五年,前署铜山县王文炳倡议捐修,后任知县杨鸿彬接续劝捐,共银四万五千八百九十余两,自十六年秋间兴工,至十八年二月内一律修竣。陶澍于道光十八年十二月二十九日(1839.2.12),奏请奖励。④

9. 睢宁县城垣

睢宁县城垣年久坍塌,该知县易卓梅首倡捐银五千两,其他官吏亦分别捐银,并劝绅富劝捐,于道光十七年五月开工,九月完工,共用

---

① 《陶文毅公全集》,卷二十九,页一五～一七。
② 《道光朝宫中档》,第〇〇〇六八三号。
③ 《陶文毅公全集》,卷二十九,页一八～二〇。
④ 同前书,卷二十九,页二二～二四;道光朝宫中档,第〇〇二三六九号。

工料银二万三千一百三十一两五钱四分,陶澍于道光十九年三月七日(1839.4.20),奏请奖励。①

此外,根据《清实录》所载,如道光十年六月十四日(1830.8.2),以捐建义仓,予江苏绅士徐学巽等议叙。② 十一年八月十五日(1831.9.20),以捐修江苏金山卫文庙,予绅民钱熙载等议叙。③ 十月四日,以捐修江南贡院,予知县黄冕等升补。④ 十二年八月二十四日(1832.9.18),以捐修江苏邳州文庙,予署知州黄耀明等议叙。⑤ 十四年二月二十三日(1834.4.1),以修建江苏海门、青浦、华亭、金山四厅县文庙、文昌庙及考棚、书院等工,予知县徐麟趾等奖叙。⑥ 同年三月七日,以捐修江苏铜山县文庙,知县王文炳等下部议叙。⑦ 十五年八月六日(1835.9.27),以捐修江苏上海县城垣,予道员吴其泰等加衔升叙。⑧ 十六年八月四日(1836.9.14),以捐修江苏奉贤县文庙并建立义学,予知县杨本初等议叙。⑨

如上所述,陶澍在两江期间,地方上呈现一片欣欣向荣的建设景象。

---

① 《陶文毅公全集》,卷二十九,页二五~二七。
② 《清宣宗实录》(五),卷一百七十,页一二~一三。
③ 同前书,卷一百九十四,页一八。
④ 同前书,卷一百九十八,页七。
⑤ 同前书,卷二百十八,页二三。
⑥ 《清宣宗实录》(七),卷二百四十九,页三〇。
⑦ 同前书,卷二百五十,页一三~一四。
⑧ 《清宣宗实录》(八),卷二百七十,页八。
⑨ 同前书,卷二百八十七,页四。

第五节　文教措施

一、鼓励修郡县志和创修省志

方志，是中国特有的史书，它是某一地区之历史和地理的综合记载，最早似为常璩的《华阳国志》，后来各郡县都有类似的著作，普遍的由政府提倡修志，乃明代以后的事。

陶澍以维系文风自任，故十分重视编修方志，引为职责。第一是县志，他认为取郡县志而荟萃之，则有省志；取省志而荟萃之，则有一统志。① 是故郡县之志尤宜先修，故曾在皖抚任内檄各牧令先修郡县志，将汇而集为省志，尤其岁久无志者，亟为增辑。并手定体例：(1)于江淮河渠外，凡名山重镇亦略绘一二，以志巨观。(2)于水利必兼及治迹，而湖陂堤堰修举具详，且加按语以析其源委，俾守土者兴利除弊，审所从焉。(3)首叙田赋，而户口、物产、徭役、储积、蠲赈、盐法、关榷次之。(4)专立学校一门，所以尊师重道崇教化之原也，其间历代封爵、祀典、礼器、乐章及先贤、先儒位次，亦既考订增详。(5)人物列传，旧志首重名贤，由是而宦绩、忠节、儒林、文苑、武功、孝友、义行、隐逸、方技、流寓、仙释凡十二类，前代则考之书史本传、稗乘别纪、诸子百家，近则一统志、江南志、各府州县志与夫名人著述及公牍印册可稽者始行采择。(6)旧志体崇简要，于诗文论著全篇概不收入，惟有关于地方政治及古今事迹则附见各门类中。② 在其皖抚任

---

① 《陶文毅公全集》，卷三十五，页八～九。
② 《安徽通志》（一），凡例，页二～四。

内，先后完成《怀宁县志》和《宿州志》，并为之作序。①

第二是省志，陶澍以皖省夙称文物之区，涵濡德化，不特名臣、循吏、儒林、文苑、志行多有其人，即穷乡僻壤孝子顺孙、贞女节妇例邀旌典者，又复比比皆是。而安徽自分省以来，未有志书，即上下江合修之志于乾隆元年（1736）告成，迄当时已阅九十载，愈久则事愈积，而采访愈难，若田赋、水利、学校、兵制等项尤关重大，未可听其散佚，乃于道光五年四月酌定章程，督饬道府州县博加采访，妥筹经费，于省城设局纂修。② 五月陶调苏，后经皖抚邓廷桢督办，于道光九年（1829）六月完成《安徽省志》，陶、邓二人均为此交部议叙。③

二、兴建书院

古代讲学之地，首都所在有太学，郡县首邑亦各有学。自唐以后，乡校所不能遍育者，又辅之以书院，即书院之设，为辅翼学校兴育贤材。陶澍既素重视教育，故亦重视书院，他曾协助旧有书院，如：

（一）桐城培文书院：该书院缺乏固定的经费收入，恰巧该县有洲产纠纷，原来有扫帚沟保新生洲为官产，由县派官佃承管，每年缴租息银九百两于县库，但洲民数百户皆仰食于洲，官佃一人之力往往不能驾驭，反为所制，至有倾家荡产而讦讼无休者，公私两损。道光二年（1822），陶澍命桐城县知县廖大闻倡率桐城绅士翰林张万年等集资公买，每年收租息以充桐城培文书院膏火之用。④

（二）省城敬敷书院：陶澍尝率属捐廉以充膏火之用。后来署怀

---

① 《陶文毅公全集》，卷三十五，页八～九、一〇～一一。
② 同前书，卷二十一，页一～二。
③ 同前书，卷二，页四四；《清宣宗实录》（五），卷一百五十七，页七。
④ 《安徽通志》（二），卷九十二，页二～三。

宁县知县朱士达请以新生洲之一半归桐绅承买,以洲一半由通省各州县捐廉公买,岁收租息以充敬敷书院经费,陶澍不但允行,并亲自倡捐,置桐邑新生洲一所,岁课银八百两,由桐城县解送入省,充敬敷书院之用。①

(三)苏州之紫阳正谊两书院:陶澍以苏州为人文重镇,茂才佳士之所集,曾亲临甄别该城紫阳、正谊两书院,多至一千三四百人,而旧例紫阳书院内课四十名、外课八十名,正谊书院内课二十五名、外课五十名,形成人多额少,为此与两司、府县、监院诸人酌议,议定紫阳书院增加内课十名、外课二十名,正谊书院增加内课十五名、外课三十名,并述为学之要。②

更重要的为建立新书院或更新旧书院,如:

(一)江阴暨阳书院:原名澄江书院,久已颓废。道光三年(1823)学政周系英捐廉倡修,复检核滨江沙涨之田三千余亩,议购充经费,遴委县丞姚储履亩勘丈,未竣而周氏卒于任。陶澍抚苏后,屡谕江阴令勉力完成,其规程则由陶氏请山长李兆洛拟定。③

(二)金坛金沙书院:金坛自乾隆五十年(1785)即创修书院,由于岁久倾圮,士子几无肄业之地。道光六年(1826)秋,陶澍门人金坛教谕戴开文以俸满保荐到谒,陶因谕开文:"读圣贤书,凡职所当为,务尽心力,况教官职司训课,董率士绅,虽金沙旧无监院而修废举坠,不得诿为异人任也"。④ 开文回任后,与地方人士将该书院更新完成。

(三)江宁惜阴书院:道光十八年(1838)总督陶澍创建,位于盋山

---

① 《安徽通志》(二),卷九十二,页三。
② 《陶文毅公全集》,卷五十,页一〇~一二。
③ 同前书,卷三十三,页二二~二三。
④ 同前书,卷三十三,页二四~二五。

园(即西松庵),课诸生专经史诗赋,有优奖无膏火,每月一考,陶澍捐廉一万两发典生息,作为优奖费用。①

再则为鼓励地方官绅修建书院:

(一)高淳县书院:高淳县书院久已颓废,生童肄业无所,道光八年(1828),经该县知县许心源捐廉首倡,各绅士踊跃捐输,重修完竣。陶氏乃按定例,于同年十一月奏准:捐银二千两以上之县丞职衔邢士昕、一千两以上之布政司理问职衔邢邦达、文童唐向荣等二人、三百两至五百两以上之捐职布政司经历谷凤鸣等十五人及劝捐出力之董事岁贡生孔广业等三人、知县许心源等均交吏部分别议叙。②

(二)嘉定震川书院:嘉定县安亭江上,有明儒归有光讲学读书之所,在菩提寺东偏,县属士绅捐建震川书院,该处与昆山、新阳、青浦地界毗连,各县生童均可就近会文,道光六年(1826)夏,规模粗就,陶澍以挑浚吴淞江之便,亲临考校,率属捐廉,置买田产为膏火及修理之费。随后亦将有关乐捐人士奏请清廷奖励。③

由于陶澍之重视书院,所以在他的鼓励之下,各地自动新建或重修之书院,安徽方面有:

太平县仙源书院:原名天都书院,道光五年(1825)邑绅倡捐,更新厅房斋舍毕备,凡六十余间。④

建平县聚奎书院:原名郎溪书院,道光五年知县王仲澍倡捐改建。⑤

---

① 《续纂江宁府志》,蒋启勋等修纂,1970年成文影印,卷之七,页一六。
② 《陶文毅公全集》,卷二十一,页三~六。
③ 同前书,卷二十一,页七~一〇。
④ 《安徽通志》(二),卷九十二,页一二。
⑤ 同前书,卷九十二,页二一。

霍山县衡山书院：道光四年（1824）知县朱士达劝谕复建，并增置经费。①

江苏方面有：

华亭求忠书院：道光六年知府陈銮建。②

通州紫琅书院：乾隆十年（1745）知州董权文建，道光十年（1830）知州周焘整修。③

金山县书院：知县程士伟等捐建，道光十一年十二月十九日（1832.1.21）予以议叙。④

松江府大观书院：松江府属之华亭、金山二县绅士朱逢宁等请于文庙之右添建大观书院，并兴复名宦、乡贤、忠义、节孝等祠，经该府县捐廉倡率劝捐，各绅富闻风兴起，除华亭节妇张陈氏独立捐建节孝祠外，共捐输银三万一千余两、田地五十一亩，该董事将书院房屋及名宦、乡贤、忠义三祠督匠建造完竣，共用工料银一万八百余两，余银二万二百余两存典置产配租以充经费，陶澍于道光十四年二月六日（1834.3.15）奏请奖励。⑤

兴化文正书院：道光十四年知县龚善思允绅士薛联元等呈请改建。⑥

海州敦善书院：敦善书院在海州板浦镇，乾隆十年建，初名天池书院，嘉庆二年（1797）移建中正场，改名郁洲书院，六年（1801）复移建板浦镇，改名敦善书院，十三年（1808）临兴场大使借住，书院遂废，

---

① 《安徽通志》（二），卷九十二，页二二。
② 《重修华亭县志》，卷五，页二二。
③ 《通州直隶州志》，卷五，页七〇。
④ 《清宣宗实录》（六），卷二百三，页七。
⑤ 《军机处档》，第〇六七一〇六号。
⑥ 《重修兴化县志》，梁园隶等纂修，1970年成文影印，卷四书院，页一。

道光十七年(1837)盐运司运判童濂再建。①

邳州峄阳书院:道光十八年廪生徐景山、花赐祺等倡建。②

三、旌表忠孝节义

中国历代对忠孝节义之士,十分重视,明清以来,政府对此等士女得请求旌表,并于各地设专祠致祭。按清代《礼部则例》载"凡忠义孝弟之士及节孝贞烈妇女题请旌表,京师暨直省府州县卫各建设忠义孝弟祠一,祠内立石碑,节孝祠一,祠外建大坊,应旌表者,题名其上,身后设位祠中,春秋致祭"。③此外"遇难死事之臣曾入昭忠祠者,仍准于本邑忠义孝弟祠内,设位致祭","遭寇殉难绅士庶民",亦得于祠内设位致祭,并题名于石碑,又载"妇女遭寇守节致死,虽事历年久,该地方官查核确实,准补行题请旌表,有亲属者,令地方官给银三十两,听其自行建坊,如无亲属,即令地方官于该氏墓前建坊,节孝祠内设位致祭"。④陶澍认为人道以纲常为重,祀典以忠孝为先,故对于旌表忠孝节义之事,十分重视。一面表彰清代以前的人物,如前明骂贼捐躯安徽世袭百户樊孔学,陶澍于道光三年五月二十九日(1823.7.7)奏准入祀忠义祠。⑤安徽祁门县前明太学生许文瑾、郡庠生许文玠及文玠之长子许生佳等捐躯殉难,陶澍于布政使任内即已查明,取造事实册结具抚,适抚臣孙尔准调福建,乃由陶于道光三年

---

① 《淮北票盐志略》,卷十五,页一~六。
② 《邳州志》,董用威等修、鲁一同纂,1970年成文影印,卷七,页五;《同治徐州府志》,朱忻等修、刘庠等纂,1970年成文影印,卷第十五,页一二。
③ 《钦定礼部则例》,长秀等纂,1966年成文影印,卷四十八,页一。
④ 《钦定礼部则例》,长秀等纂,1966年成文影印,卷四十八,页一五。
⑤ 《清宣宗实录》(二),卷五十二,页三七。

七月题请入祀忠义祠。① 广德州元故行军千户沈寿三率子沈宏、沈度为国捐躯殉难,沈寿三之妻王氏闻信奔赴尸所自尽,陶于道光三年十二月题请沈寿三父子三人入祀忠义祠,其妻给银建坊,并于节孝祠内设位致祭。② 泾县前明四川嘉定州知州朱仪,遭张献忠寇川,城陷固守不屈,偕子朱命锡自焚而死,其妻胡氏从夫殉节,陶于道光四年(1824)四月题请旌表,入祀忠义祠,并给银建坊,于节孝祠内设位致祭。③ 贵池县前明副将马应魁、汪思诚,参将程宗熹、桂王将曹大镐俱捐躯殉难,节烈可嘉,陶于道光四年闰七月题请入祀忠义祠。④

陶澍又旌表当代人士,在安徽时,有道光三年三月二十七日(1823.5.7),请旌阜阳县民崔长富妻张氏;⑤六月三日,请旌怀远县民韩有高养媳曾氏;⑥六月五日,请旌青阳县民张三星聘妻施氏、凤阳县民王敏中聘妻吴氏、定远县民陈克昌聘妻杨氏、刘怀妻武氏、亳州民李如彬聘妻秦群姐、怀宁县民叶千祥妻李氏、歙县民汪效修继妻胡氏、绩溪县民黄惠桁妻凌氏、太平县民孙大勋妻邵氏、当涂县民孙毓宝妻杨氏、怀远县民汪恬妻陈氏、孙良弼妻李氏、阜阳县民姚宪章妻张氏、含山县民申元韬妻韦氏;⑦六月十三日,请旌凤阳县民武全聘妻李氏;⑧八月二十五日,请旌寿州民孙传名妻刘氏;⑨十一月二十七

---

① 《陶文毅公全集》,卷十九,页一〇~一八。
② 同前书,卷十九,页一~九。
③ 同前书,卷十九,页一九~二五。
④ 同前书,卷十九,页二六~三〇。
⑤ 《清宣宗实录》(二),卷五十,页三四。
⑥ 同前书,卷五十三,页二。
⑦ 同前书,卷五十三,页五。
⑧ 同前书,卷五十三,页一六。
⑨ 同前书,卷五十七,页二三。

日,请旌阜阳县民孙洪春妻刘氏;①四年三月二十五日,请旌六安州民罗泳信妻李氏;②六月十七日,亳州民李安妻江氏;③六月十八日,请旌宿州民丁广霞妻孙氏;④六月二十日,请旌颍上县民王起顺妻周氏;⑤六月二十三日,请旌宿州民杨兆妻高氏;⑥六月二十五日,请旌阜阳县民邢驴妻杨氏;⑦闰七月七日,请旌宿州民董马妻郭氏;⑧九月二十二日,请旌桐城县民黄起万妻王氏;⑨十月二十二日,请旌灵璧县民程玉平妻王氏;⑩十二月二日,请旌霍邱县民李鹏翥养媳朱氏;⑪五年五月二十日,请旌宿州民宋士青婢了姐。⑫

后来陶澍抚苏,旌表之贞孝节烈妇女甚多,如道光七年(1827)七月,以一疏请旌常州府武进、阳湖两县贞孝节烈妇女三千十八人,一疏请旌江宁府属上元、江宁贞孝节烈妇女五百余人,各建总坊以表之。陶澍此举在朝廷不过费帑六十金,⑬而潜德幽光阐发至三千五百余人之多,为世所未闻,亦古所未有。时江苏布政使梁章钜襄办其事,因念此为请旌良法,事属创举,虑各直省之不克周知,乃请陶澍将请旌全案付梓,咨行各直省照办,复虑各省虽奉咨,收掌仍在吏胥,未

---

① 《清宣宗实录》(二),卷六十一,页四一。
② 同前书,卷六六,页三二。
③ 同前书,卷六十九,页二二。
④ 同前书,卷六十九,页二四。
⑤ 同前书,卷六十九,页二六。
⑥ 同前书,卷六十九,页三〇。
⑦ 同前书,卷六十九,页三一。
⑧ 同前书,卷七十一,页一〇。
⑨ 同前书,卷七十三,页二九。
⑩ 同前书,卷七十四,页三〇。
⑪ 同前书,卷七十六,页四。
⑫ 《清宣宗实录》(三),卷八十二,页一九。
⑬ 《北东园笔录续编》,卷三,页六。

必能家喻户晓,并嘱各牧令照刊一册广为分布,名为《旷典阐幽录》,绅士牧令即可据此册照案请旌,而不虞吏胥需索而阻隔。① 换言之,即可防止吏胥之勒索,贫民妇女亦可得旌。影响所及,各直省亦仿陶澍之法,以一疏请旌,兹就两江范围而言,如安徽巡抚邓廷桢采访寿州贞节妇女薛段氏等一千三十八口,于道光九年十月二十日(1829.11.16)奏请建总坊旌表,②复于道光十年八月十九日(1830.10.5)奏请建总坊旌表旌德县贞节妇女赵玉姑等二千一百二十四口,③于道光十一年八月二十一日(1831.9.26)奏请建总坊旌表泾县贞节俞保奴等四千四百六十口。④ 又如江西巡抚吴光悦于道光十一年五月十二日(1831.6.21)奏请建总坊旌表安福县贞节妇女刘朱氏等二千八百四十五名。⑤ 其他各省亦仿效者,不于此处枚举。

计陶澍抚苏期间,所旌表人数多达九千零七十七多人,列表如下:

陶澍抚苏期间旌表人数一览表

道光五年六月~道光十年八月

县别＼项目 人数	守正捐躯	逼嫁捐躯	守正被戕	贞节	贞孝节烈	忠义孝悌	助赈	小计
睢宁	2	0	0	0	0	0	0	2
震泽	0	0	0	0	0	0	1	1
萧县	1	0	0	0	0	0	0	1

---

① 《北东园笔录续编》,卷三,页六。
② 《清宣宗实录》(五),卷一百六十一,页二四。
③ 同前书,卷一百七十二,页一七。
④ 《清宣宗实录》(六),卷一百九十五,页一〇。
⑤ 《清宣宗实录》(五),卷一百八十八,页一七。

续表

项目 县别　　人数	守正捐躯	逼嫁捐躯	守正被戕	贞　　节	贞孝节烈	忠义孝悌	助赈	小　计
铜　山	4	0	0	0	0	0	0	4
青　浦	1	0	0	0	0	0	0	1
清　河	1	0	0	0	0	0	0	1
崇　明	1	0	0	0	0	0	0	1
宿　迁	1	1	0	0	0	0	0	2
六　合	1	0	0	0	0	0	0	1
上　元	1	0	0	0	0	0	0	1
盐　城	1	0	0	0	0	0	0	1
丹　阳	0	0	1	0	0	0	0	1
江　阴	1	0	0	3,268	0	0	0	3,269
邳　州	2	0	0	0	0	0	0	2
吴江、震泽	0	0	0	2,173	0	0	0	2,173
武进、阳湖	0	0	0	0	3,018	0	0	3,018
上元、江宁	0	0	0	0	500多	0	0	500多
宜兴、荆溪	0	0	0	37	0	61	0	98
合　　计	17	1	1	5,478	3,518多	61	1	9,077多

资料来源：《清宣宗实录》、《陶文毅公全集》、《北东园笔录》、《景紫堂文集》。

旌表妇女之节孝者以外，陶澍又奏准将各地已故有功人物入祀乡贤祠、名宦祠：

道光八年十二月十九日（1829.1.23）

予江苏故恩贡生就职直隶州州判蒋华入祀乡贤祠。[①]

---

① 《清宣宗实录》（四），卷一百四十九，页一一。

道光九年五月十五日(1829.6.16)

予江苏故协办大学士礼部尚书汪廷珍入祀乡贤祠。①

道光九年五月二十二日(1829.6.23)。

予故两淮巡盐御史兵部督捕侍郎李赞元入祀江苏名宦祠。②

道光九年十二月十六日(1830.1.10)

予江苏故刑科给事中费振勋入祀乡贤祠。③

道光十年十二月十四日(1831.1.27)

予福建故江苏淮海道庄亨阳入祀乡贤祠。④

道光十一年十二月十八日(1832.1.20)

予江苏故靖江县训导刘世谟、丹徒县训导刘台拱入祀乡贤祠。⑤

道光十二年十二月十六日(1833.2.5)

予江西故江苏淮徐道余霈元入祀乡贤祠。⑥

道光十三年十一月二十二日(1834.1.1)

予江西故太仆寺卿卢浙入祀乡贤祠。⑦

道光十五年十二月十六日(1836.2.2)

予江苏明御史林应训、安徽故宁国县知县李凤丹入祀名宦祠、安徽故翰林院编修董桂敷、滁州训导赵绍祖入祀乡贤祠。⑧

---

① 《清宣宗实录》(五),卷一百五十六,页二三。
② 同前书,卷一百五十六,页三一。
③ 同前书,卷一百六十三,页二〇。
④ 同前书,卷一百八十一,页四二。
⑤ 《清宣宗实录》(六),卷二百三,页六～七。
⑥ 同前书,卷二百二十八,页四。
⑦ 《清宣宗实录》(七),卷二百四十五,页三二。
⑧ 《清宣宗实录》(八),卷二百七十六,页四。

道光十八年十二月十六日(1839.1.30)

予安徽灵璧县知县贡震、江西赣州府通判王友沂入祀名宦祠、江苏故金山县训导王世丰、安徽故四川盐亭县知县胡光琦入祀乡贤祠。①

第六节　对外交涉及经济

一、对外交涉

清代的对外贸易,自乾隆二十二年(1757)以后,限定广州一口,并且对于外商的贸易活动及私人生活,限制极严,引起很多外人的不满,尤以英国商人为甚。他们常想突破这一限制,所以不时把商船驶到广州以外的地区,和沿海人民私自贸易。道光十一年(1831)十二月,英国东印度公司密令胡夏米(Hugh Hamilton Lindsay)向广东以北试航,十二年三月,到达厦门、福州。② 四月二十五日,到宁波,③五月二十二日到上海,④据陶澍向清廷报告处理这一洋艘闯关的经过称:

> 臣于清江回省途次接据苏松镇总兵关天培、松太道吴其泰等禀称:该夷有大船一只,约有七八十人,小船一只,约二十余人,因被闽、浙两省驱逐,于五月二十二日乘风驶入江南羊山洋面停泊,经前护抚臣梁章钜奏明在案。臣思夷性狡诈,贪图贸

---

① 《清宣宗实录》(九),卷三百十七,页二一~二二。
② 《达衷集》,许地山编,1974年文海影印,页一五~一六;《近代中国史事日志》,郭廷以编著,1963年作者印行,第一册,页四六。
③ 《近代中国史事日志》,第一册,页四六。
④ 《达衷集》,页四八~四九;《近代中国史事日志》,第一册,页四七。

易,显违定例,兼恐内地奸民乘机勾串,别滋事端,不可不严为防范。现当南风司令,若竟任其放洋,不即设法截阻,一经驱逐,势必乘风而北,由山东径抵天津,又添往返,臣陶澍比即饬委常镇道王瑞征驰往吴淞海口,会同该管镇道密派巡洋舟师三面迎住,使之不得近岸,兼断其驶北之路。一面整顿兵威,严禁沿海小船毋许接近夷船,以防暗地销售夷货;并令海营多备巡船押护至浙省交替,俾令挨次由闽、浙回粤省,臣林则徐赴任过镇会晤,商及驱逐,所见相同。初八日抵任江苏,复加札飞饬速办。……该船有胡夏米、甲利略通汉语,即向巡船声称伊等并非匪人,因想求交易而来,今蒙晓谕伊等已经悔悟,不敢再求买卖,现值风狂雨大,实在不能开船,只求俟风色稍转,即速开船回去等语。迨六月十一日晚间,风色稍转西南,即促令开行,该夷船不敢逗遛,即起碇开帆,向东南折戗而去,苏松镇总兵关天培亲自督押,另饬游击林明瑞押赴浙江交界,以便交替护送,该镇现报于十二日申刻押护出境入浙江洋面。该夷船前在江洋因风暂泊,甚属安静,并未进口滋事,内地民人亦无与夷船私相交易之事。臣等现已飞咨前途一体派列巡船押护南行,俾令由浙至闽回返粤东,以免此逐彼窜。①

实际上,英船并未南返,而是继续北上,于六月十八日,到山东洋面,八月十一日到朝鲜,然后再回澳门。② 这是英国第一次试图突破一口通商的限制,也是陶澍第一次的对外交涉,由此可见出他对洋人的观感。

---

① 《陶文毅公全集》,卷二十三,页四~六。
② 《近代中国史事日志》,第一册,页四七。

二、调节货币

清乾隆以后,英国以印度的鸦片换取中国的白银,由于鸦片的大量输入,中国的白银外流,一天严重一天,因为白银的缺少,银和铜钱的交换比例,差距日益增大。按清代官方定例,每库纹银一两,作制钱一千文。但其后银价日增,道光六年(1826),江苏省每银一两市价合制钱一千一百五十文至一千二百六十文,道光八年,每银一两市价合制钱一千二百八十文,道光九年,每银一两市价合制钱一千三百文。[1] 由于银的缺少,跟着铜钱的需要量增加,江苏各地出现缺钱现象,其时宝苏局缺铜,陶澍奏准自道光六年至九年减铸制钱。[2] 但是铜钱是民间交易的媒介,因为缺铜而减铸制钱,更增加问题的严重性。所以道光八年,苏州省城又因制钱缺少,商货未能流通,又用汇票往来,银价顿增,那时又值征收上半年的钱粮,民间易银纳赋,较之往时,多寡悬殊,农人不堪负荷,因此陶澍又于四月二十四日奏请暂借铜铅工本银两发换制钱以平市价。结果谕准借司库银二十万两,由苏州府督同长洲、元和、吴县等三县陆续具领发换制钱,[3] 暂时纾解了商场和农村的困境。

---

[1] 《中国近代货币史资料》,佚名辑,1974年文海影印,页八〇。
[2] 同前注,《林文忠公政书》,林则徐著,1967年文海影印,甲集《江苏奏稿》,卷一,页二〇。
[3] 《清宣宗实录》(四),卷一百三十五,页三〇~三一。

第七节　对朝廷大政的意见

一、对湖南常平仓米输京的意见

道光四年(1824),户部向清廷建议,把湖南常平仓的仓谷碾成米粒,运送京师,以补京师食米之不足,而另行以钱买谷,补还湖南的常平仓,这时陶澍在皖抚任内,认为这一建议影响湖南的民食,也可能因此使湖南变成有漕之区,于是向湖南巡抚嵩孚写信,表示反对:

> 查《会典》载湖南各县额贮常平仓谷一百四十八万七千七百一十二石,以二谷一米计之,约得米七十余万石,各州县多者一二万石,少亦六七千石,即毫无亏短而砻碓之费不赀,船只之雇弗易,其无水陆可通者,势必逾山越岭,长途络绎,虽有脚价,何能胜用?况每年漕船止有三帮,今拨运之米多于漕粮四五倍,纵使丁役毫无刁难,亦难尽载,必须添雇船只,费从何出?势必大增州县之累,其难行者一也。上年大江南北猝被水灾,竞赴楚省采买,商船络绎,连樯而下,民间积谷俱已槃尽,不得谓之余米之区,况上年南省滨湖各属亦有水灾,民间元气未复,现闻湖南米价每石约二千二百有零,较之江浙时价早已过之,且闻江省现有载运杂粮至楚省粜卖者,是谷既无余而价又不贱,其难行者二也。从来吏役害民,其弊不一,虽功令森严,而假公济私者无处无之,向闻湖南例价每石五钱,即使尽行实给,民力已属难支,况又未必能,然近来醴陵、平江等处因漕滋事,已非一端,幸赖圣恩高厚,民因获苏,而国家采买之令亦久未施行也。今此举若行,则吏虽廉而不能为无米之炊,民虽愿而不能胜打门之扰,其接近

苗疆之处则谷产已竭,何以为防?即稍有赢粮之区,倘市价抬高,贫何能救?而州县碾兑既多赔垫采办重须剥削,其稍经理不善者,势必补于仓而缺于库,其难行者三也。湖南一省除稻谷外,如麦黍菽稷皆非所宜,而各州县又非尽种稻之区,谚云三山六水一分田,其为地力,已可概见,是以每年正兑漕粮,共只九万五千五百五十二石有奇,不及江浙大省漕米二十分之一,诚以其地狭而出产无多也,今若因碾运而加以采买,使民间顿增一百余万之累,是有漕之区不第加数倍之漕也。况湖南无漕之区居三分之二,从前原因其山多田少,不敷民食,是以列圣施恩宽免,百姓相安于光天化日之下者,已一百九十余年矣。今一旦改为碾运,是仓谷变为漕米,无漕之区亦变为有漕之累也。此端一开,将来即以为例,小民何由得生?此其不可行者四也。窃以为湖南碾米一事,不特今岁难行,即将来亦不可行,而采买累民、碾运累官,官民交累,其害卒归于国家,是太仓之一粟未必有益,而湖南之亏空将自此而起,湖南之民欠亦自此而起矣。以目前尚称平善之区,一旦迫之使累,岂不可惜?①

二、对于折漕的意见

道光五年四月十日(1825.5.27),清廷因为大学士英和奏"通筹漕河全局,请暂雇海船以分滞运,酌折额漕以资治河",清廷乃交两江总督魏元煜等悉心计议。关于海运方面,后经陶澍等奏请试办,并有成效,前面业已详加叙述,关于折漕方面,各地大员的意见很多,如:

漕运总督魏元煜(五月二十二日由江督调)奏称"江浙漕额殷繁,

---

① 《陶文毅公全集》,卷四十一,页二四~二六。

一经折色,恐小民观望拖延,办理转形掣肘,所有江浙漕米,请仍循旧章,概征本色"。①

浙江巡抚程含章奏称"酌折额漕,窒碍不可行"。②

两江总督琦善奏称"折漕一事,江省漕额较重,欲令以米易银,完纳足数,民力未必裕如,更恐不肖官吏,增价病民,甚至任意侵那,将完作欠"。③

湖广总督李鸿宾等奏称"征收折色一节,弊窦丛生,莫若仍令民间完交本色,由收漕州县卖米易银,转解河工"。④

江西巡抚成格奏称"筹议折漕济工一折,请以本折各半征收,有愿交本色者,令其照一米二谷,改交谷石,仍责成各州县,将所收谷石易银汇解;征折色者,听民间按照时价,兼纳钱文,偏僻州县,亦听其银钱并解,除将征收之银解工外,并以所收钱文作价解工"。⑤

湖南巡抚嵩孚奏称"改征折色一节,弊窦丛生,奉行稍有不善,必致滋生事端,请仍令粮户完纳本色,照市价易银,解赴工次"。⑥

安徽巡抚张师诚奏称"筹议折漕济工事宜,请将应征漕米,先尽追完谷价银两,照一米二谷之例,令民间完纳谷石,作为买补仓谷,即将各属所交谷价,解工应用,其余应征漕米,改征折色,除应给苫盖减半月粮银两外,余银全解河工"。⑦

陶澍的意见为:

---

① 《清宣宗实录》(三),卷八十三,页九~一〇;《江苏海运全案》,卷一,页二四。
② 同前书,卷八十四,页一二~一三。
③ 同前书,卷八十四,页二一~二二。
④ 同前书,卷八十五,页六。
⑤ 同前书,卷八十五,页八。
⑥ 同前书,卷八十六,页三。
⑦ 同前书,卷八十六,页一一。

折漕一事，向值歉岁偶一行之，或山区米少、离水次太远之地，意在便民，为朝廷格外之恩。今若遍行各属，则格碍甚多，所难者，尤在银无所出。盖米为民间所自有，而银则不能尽有，惟待于谷米之粜售。漕米改征折色，即与地丁无异，以江苏一省言之，额漕几及二百万，倘以百万征米由海运，而百万折色，约计应折银二三百万。平时一百数十万之地丁，分为上忙、下忙，官有惰征之处分，民有抗粮之责罚，犹且催征不前，积为民欠。刻于数月之内，顿加逾倍之正银，势必谷贱伤农，有粜无售，比户需银，而银不可得，闾阎之气骚矣。况一省之漕，或征或折，办理参差，尤多掣肘。窃意漕米折色，他省情形不一，若江苏则势在难行。①

最后，道光五年八月九日（1825.9.20），清廷下令仍收本色：

其折色一节，据程含章奏，窒碍难行，请仍收本色，琦善、李鸿宾、陶澍、杨懋恬、嵩孚等，均以为弊窦丛生，请收本色，由州县变价归工，惟成格、张师诚，因全收折色，不便于民，请以本折各半征收。朕以漕粮为天庾正供，征收本色，由来已久，改收折色，易滋弊端，……所有应征漕粮，仍照向例征收本色。②

三、对于银元定价之意见

道光十三年（1833），给事中孙兰枝奏江浙两省钱贱银昂商民交困，并胪陈受弊除弊等情，清宣宗命陶澍等体察情形悉心筹议，陶澍

---

① 《江苏海运全案》，卷一，页二八～二九；《陶文毅公全集》，卷八，页三～四；《熙朝纪政》，卷四，页一○。
② 《清宣宗实录》（三），卷八十七，页一四～一五；《熙朝纪政》，卷四，页一一。

接上谕后,于三月二十日提出意见:

(一)官定洋钱之价为不可行:

银钱贵在流通,而各处情形不同,时价亦非一定,若不详加体察,欲使银价骤平,诚恐法有难行,转滋窒碍。即如洋钱一项,江苏商贾辐辏,行使最多。民间每洋钱一枚大概可作漕平纹银七钱三分,当价昂之时,并有作至七钱六七分以上者。夫以色低平短之洋钱,而其价浮于足纹之上,诚为轻重倒置。该给事中奏称以内地足色纹银尽变为外洋低色银钱,洵属见远之论。无如闾阎市肆久已通行,长落听其自然,恬不为怪,一旦勒令平价,则凡生意营运之人先以贵价收入洋钱者,皆令以贱价出之,每洋钱一枚折耗百数十文,合计千枚即折耗百数十千文,恐民间生计因而日绌,非穷蹙停闭即抗阻不行,仍属于公无裨。且有佣趁工人,积至累月经年,始将工资易得洋钱数枚,存贮待用,一旦价值亏折,贫民见小,尤恐情有难堪。

(二)洋银易钱时,所易钱数以含银之成色为准:

自洋钱通用以来,内地之纹银日耗,此时抑价固多窒碍,宜设法以截其流,只得于听从民便之中稍示以限制。嗣后商民日用洋钱,其易钱多寡之数,虽不必官为定价致涉纷更,而成色之高低,戥平之轻重,应令悉照纹银为准,不得以色低平短之洋钱反浮于足纹之上,如此,则洋钱与纹银价值,尚不致过于轩轾,而其捶烂翦碎者,尤不敢辗转流行,或亦截流之一道也。

(三)托民意建议官铸银钱:

欲抑洋钱,莫如官局先铸银钱,每一枚以纹银五钱为准,轮廓肉好悉照制钱之式,一面用清文铸其局名,一面用汉文铸道光通宝四字，暂将官局铜钱停卯改铸此钱，其经费比铸铜钱省至什倍，先于兵饷搭放，使民间流通使用，即照纹银时价兑换，而藩库之耗羡杂款，亦准以此上兑，计银钱两枚，即合纹银一两，与耗银倾成小锞者不甚参差，库中收放并无失体。盖推广制钱之式，以为银钱期于便民利用，并非仿洋钱而为之也。且洋钱一枚即抑价亦系六钱五分，如局铸银钱重六五钱，比之洋钱，更为节省，初行之时，洋钱并不必禁，俟试行数月，察看民间乐用此钱，再为斟酌定制，似此逐渐改移，不致遽形亏折。①

四、对于吸食鸦片之看法

中国之有鸦片，始于唐代②，系由阿拉伯人传来，但一直到明季，此物但作药用，或以其花卉充当观赏用。将鸦片由吞食改为吸食，是在明末经荷、葡商人经南洋传入中国。③ 至清初，鸦片进口逐渐增加，而英国东印度公司更积极地将印度鸦片推销中国。康熙年间鸦片进口年不过两百箱（每箱约一〇〇斤），乾隆三十二年（1767），已达一千箱，乾隆五十五年（1790）为四千箱，道光四年（1824）超过一万箱，道光十二年超过两万箱，道光十五年超过三万箱，至道光十八年超过四万箱。④ 由此可知鸦片进口增加之急剧，亦即表示不吸食鸦片之人愈来愈多。尤令人怵目惊心的是道光十二年至十五年，道光十五年至

---

① 《军机处档》，第〇六三一〇九号。
② 王树槐：《鸦片毒害——光绪二十三年问卷调查分析》，《近代史研究所集刊》，第九期，页一八三～二〇〇。
③ 《近代中国史》，第二册，页三五。
④ 林满红：《清末本国鸦片之替代进口鸦片》，《院近代史研究所集刊》，第九期，页三八五～四三二。

十八年,短短的三年中,竟增加一万箱以上,难怪有识之士主张严禁鸦片。

清康熙二十四年(1685),鸦片进口列入药草项下,每斤征税银三分。不数年流行各省,甚至开馆卖烟。雍正七年(1729),定法兴贩鸦片烟者,照收买违禁货物例枷号一月,发近边充军;私开鸦片烟馆引诱良家子弟者,照邪教惑众律拟绞监候,为从杖一百,流三千里;船户、地保、邻佑人等,俱杖一百,徒三年;兵役人等借端需索,计赃照枉法律治罪;失察之汛口地方文武各官,并不行监察之海关监督,均交部严加议处。① 但禁者自禁,吸者自吸。其后吸食渐众,嘉庆元年(1796),仁宗见鸦片毒流的泛滥,遂停止征税,禁止鸦片进口。② 四年(1799),两广总督吉庆认为鸦片贸易等于"以外夷之泥土,易中国之货银,将使内地人民辗转失业",③力主严禁严惩,他是从经济民生上论鸦片的第一人,此意见获仁宗之同意,贩卖吸食以外,连种植亦在禁止之列。十五年(1810),在京师广宁门查获夹带鸦片者,仁宗又降旨重申前令"鸦片烟性最酷烈,食此者能骤长精神,恣其所欲,久之遂致戕贼躯命,大为风俗人心之害,本干例禁,……一有缉获,即当按律惩治,并将其烟物毁弃。至闽粤出产之地,并著该督抚关差查禁,断其来源,毋得视为具文,任其偷漏"。④ 后来又查出数宗鸦片私带事件,究其来源均系广东,所以清廷将烟禁重点,集中广东。⑤

仁宗对于禁烟如此认真,两广总督蒋攸铦、广东巡抚董教增奉到

---

① 李圭:《鸦片事略》,《文献》第一编第三册,页四九五~五〇八;《近代中国史》,第二册,页三七。
② 《近代中国史》,第二册,页三八。
③ 同前书,页三九。
④ 《十二朝东华录》,王先谦等纂修,1963年文海影印,嘉庆朝(二),卷十,页五。
⑤ 《清代外交史料》,嘉庆朝四,页一九。

上谕令海口认真查禁鸦片杜其来源后,乃提出防止澳门走私及减轻地方官失察处分办法,略云"向来西洋夷船赴别国贩货回澳,并不经关查验,即将货物运贮澳地,俟卖货时,方行报验纳税,难保无夹带违禁货物之事。臣等与海关监督臣祥绍熟商,嗣后西洋船运货到澳,先令将所贩各货,开单报明,逐件查验后,始准卸载"。①

> 鸦片虽来自外夷,其贩卖实由于汉奸,如果汉奸畏法,则鸦片岂能不胫而走。惟流弊已非一日,或地方文武虑及从前失察处分,恐拿获贩卖匪徒刑案供出历年旧案,是未受获犯之功,先受失察之咎,瞻顾因循,势所难免,非明令赏罚,无以鼓其气而坚其心。应请嗣后拿获鸦片烟之案,如系本任失察,能将兴贩首犯拿获,并获犯及半者,免其议处。其前任之员,除得规故纵,仍照律办理外,如止失于觉察,准其减等议处。②

但就嘉庆一朝而论,广东方面之鸦片走私,并未稍形减少,到道光时代更形严重。

道光初期,由于鸦片问题日益严重,引起了御史们的注意,道光二年(1822),贵州道御史黄中模奏斥洋商与外夷勾通贩卖洋烟。③ 同年十二月,御史尹佩棻亦奏陈私运鸦片情形,④宣宗于上谕中曾屡次重申禁烟之策,三年八月二日(1823.9.6),定"失察鸦片条例",⑤十年五月十日(1830.6.29),定"查禁内地鸦片行销章程",⑥但仍未能收戢

---

① 《清代外交史料》,页二八。
② 同前书,页二八~二九。
③ 同前书,道光朝一,页一三~一四。
④ 《清宣宗实录》(二),卷四十六,页一四;《宣宗成皇帝圣训》,卷一百一,页二。
⑤ 同前书,卷五十六,页三~四;《道光朝东华录》,卷二,页二八。
⑥ 《清代外交史料》,道光朝三,页二七~二九。

止之效，于是有人主张弛禁，他们认为弛禁以后，一面可征重税，一面自行种植鸦片以敌洋烟。先是道光十四年（1834），两广总督卢坤于九月十日上疏，略提弛禁意见，未获宣宗反应。①十六年三月二十六日（1836.5.11），湖广道监察御史王玥正式请弛吸食鸦片禁，②四月二十七日，太常寺少卿许乃济奏请全部弛禁，③粤督邓廷桢、粤抚祁𡎊等均表示赞成。④但是又引起了大批人的反对，如内阁学士兼礼部侍郎朱樽、兵科给事中许球、⑤江南道御史袁玉麟等，⑥而反对最激烈的是黄爵滋。

黄爵滋于十八年闰四月初十日（1838.6.2）奏"请严禁鸦片以塞漏卮而培国本"，主张以死罪来禁烟，他认为政府对于禁烟政策处罚太轻，所以造成民不畏法，甘愿自蹈法网而不惧，故主张加重吸食罪名至死，使民畏法不吸，即银不外漏，他对于银烟二者之交互关系，说得最为透辟。而他评斥过去禁政之失败，亦较任何人中肯。奏入，宣宗命各省将军督抚妥议具奏"黄疏主张以死罪禁食"，⑦各省督抚将军们所奉旨发表的意见，都是针对这个重点而发的，不论是赞成或是反对，差不多都有明确的表示。截至是年十一月，北京收到的奏覆二十九件，其中赞成死罪的有两江总督陶澍、⑧湖广总督林则徐、⑨署四川

---

① 《近代中国史》，第二册，页八〇。
② 《军机处档》，第〇七五四一号；《近代中国外交史资料辑要》，上卷，蒋廷黻编，1958年台北商务印行，页二八～二九。
③ 《道光朝筹办夷务始末》，文庆等纂，1971年文海影印，卷之一，页一～四。
④ 同前书，卷之一，页五～一二。
⑤ 《近代中国史》，第二册，页九〇。
⑥ 《道光朝筹办夷务始末》，卷之一，页一二～一七。
⑦ 《道光朝筹办夷务始末》，卷之二，页四～九。
⑧ 同前书，卷之四，页一～六。
⑨ 同前书，卷之二，页二〇～三一。

总督苏廷玉、①河东河道总督栗毓美、②江苏巡抚陈銮、③安徽巡抚色卜星额④、湖南巡抚钱宝琛、⑤河南巡抚桂良⑥、山西巡抚申启贤⑦等九人;反对死罪的有盛京将军宝兴、⑧吉林将军祥康、⑨黑龙江将军哈丰阿、⑩直隶总督琦善、⑪陕甘总督瑚松额、⑫云贵总督伊里布、⑬两广总督邓廷桢、⑭闽浙总督钟祥、⑮福建巡抚魏元烺、⑯漕运总督周天爵、⑰江南河道总督麟庆、⑱山东巡抚经额布、⑲护理湖北巡抚张岳崧、⑳陕西巡抚富呢扬阿、㉑贵州巡抚贺长龄、㉒江西巡抚裕泰、㉓浙江巡抚乌

---

① 《道光朝筹办夷务始末》,卷之五,页一〇~一二。
② 同前书,卷之四,页二二~二六。
③ 同前书,卷之四,页二〇~二二。
④ 同前书,卷之三,页七~九。
⑤ 同前书,卷之三,页一四~一六。
⑥ 同前书,卷之三,页一六~二二。
⑦ 同前书,卷之二,页一七~二〇。
⑧ 同前书,卷之二,页一一~一三。
⑨ 同前书,卷之三,页四~七。
⑩ 同前书,卷之二,页二六~二八。
⑪ 同前书,卷之二,页二八~三一。
⑫ 同前书,卷之四,页八~一〇。
⑬ 同前书,卷之四,页一〇~一二。
⑭ 同前书,卷之五,页一~五。
⑮ 同前书,卷之五,页七~八。
⑯ 同前书,卷之四,页二六~三〇。
⑰ 同前书,卷之三,页一一~一四。
⑱ 同前书,卷之四,页六~七。
⑲ 同前书,卷之二,页一三~一七。
⑳ 同前书,卷之三,页一~四。
㉑ 同前书,卷之三,页九~一一。
㉒ 同前书,卷之三,页二二~二六。
㉓ 同前书,卷之三,页二六~三二。

尔恭额、①云南巡抚颜伯焘、②广西巡抚梁章钜③等十九人;广东巡抚怡良对于吸食死罪的主题,始终没有表示赞成或反对,也未提到轻或重,不过由他的奏折中可看出他是反对的,④只是没有明言。然而烟之必禁,则为大家的一致主张。兹将陶澍的意见略述如下:

首先他说明重刑之必要:

> 伏思鸦片烟之害,起自粤洋,流毒内地,……吸食成瘾者,顷刻无烟即有性命之忧,是以甘心触犯,而购求愈切,奸贩乘其所急,得以抬价居奇,胥役之包庇,关津之卖放,皆从此起。迨至暗市移于荒岛,快蟹出于深宵,冲风破浪,冒九死以犯不韪,而鸦片愈益矜贵,价值愈益抬高矣。价愈抬,而纹银之出洋遂愈多矣。是非不禁也,禁之而不严,适以驱之,转不若不禁之,犹可听其起落,而银出不若是之甚也。惟鸦片之禁久已垂为功令,既未便更张而弛其禁。如该鸿胪所陈谓内地所熬烟土食之不能过瘾,是虽开种罂粟之禁,亦未必能易其所嗜,而欲力挽颓波,俾免纹银透漏,则该鸿胪重治吸食罪以死论之奏,实亦出于万不得已之苦心,而为救时之急务也。⑤

其次,他提出严禁鸦片章程:

> 一、劝戒烟瘾,宜刊方施药并举也。历来断除之方,如忌酸丸、南瓜藤露、四物汤、十全大补汤,和烟灰服之,皆有效验。惟

---

① 《道光朝筹办夷务始末》,卷之三,页三二~三六。
② 同前书,卷之四,页七~八。
③ 同前书,卷之四,页一二~一五。
④ 同前书,卷之五,页五~七。
⑤ 《道光朝筹办夷务始末》,卷之四,页一;《道光朝宫中档》,第〇〇一六九七号;《陶文毅公全集》,卷二十三,页二四~二五。

沉溺于烟者,虽有方而不肯服,其贫无力者,又或有方而艰于配药。臣已饬首府刊刻各方,转行遍贴,晓谕各处,闻风知儆,纷纷购药断烟,并有好善之士选方配药,广为布施,于穷民无力购药者,尤为得济。现复通饬各府州县,一体照办。总期于本年内各处均知,俾资改悔。

一、烟具烟土,宜分别毁缴也。向来查办鸦片各案,总以烟具烟土为凭,二者之中,微有分别,如售卖烟枪,有用金玉镶配者,奇巧精致,其为有心犯法无疑;亦有用泥土竹木制造杂入货摊售卖者。……应饬令自行销毁改业。……至若烟土一项,若亦听其销毁,势必仍行藏匿,久之吸食自便,是本未拔而害无由弭也。勒限两月内自行禀缴到官烧毁,毋许稍有存留,违者加重惩办。

"一、查办鸦片,宜分任各教官,选同公正绅耆广为劝导也。古人月旦之法,以乡评别人之善恶而等差之。今鸦片传染已深,各学教官,咸有教化之责,应请由州县会同各该学,选派绅耆中明白公正、素行信服者,各按各境,查出食烟之人,谕令改悔,仍于宣讲之次,传集乡众,晓以大义,广为劝导。

一、查办鸦片,宜责成保长,不必邻佑互结也。……保长为城乡牌甲之首,果有吸烟之人,无不周知,且稽察奸宄,是其专责,无可顾忌,自不难于举发,倘有容隐,或举发而不实不尽,亦不难于斥革惩办,所有邻佑出结连坐之例,似可毋庸置议,以免波累。

一、审办烟案,宜确审速办以免反覆也。查鸦片有瘾,熬审立见,自不难于辨别。……自应确切取供,迅速招转,俾不致迁延更变,借口图翻,其瘾发而死者,供证确凿,应无庸议,其瘾浅全愈者,但能切实改悔,似可量宽一线,仍照枷杖本例,满日取具改悔切结,责释完案,俾其自新。

一、查办烟案,必须本官亲自督拿,如有假冒巡查,即应从严究治也。各州县查办案件,不能不假手吏役,而吏役率多无赖,不但包庇贿纵,甚至搬弄讹索,无所不为。……应请嗣后如有假充吏役及官弁,借查烟抢物者,无论得赃轻重,均照强盗入室搜赃例问拟斩决,以安行旅。

一、兴贩鸦片,宜加重罪名也。将为首兴贩者问拟斩决,其余为从俱改发回城为奴,以杜传播。

一、纹银出洋,应分别加重严办也。定例黄金白银违例出洋,白银数在一百两以上者,发近边充军。……吸烟拟死亦因纹银出洋之故,岂于盗运出洋之本犯转行宽典,不加分别?应请嗣后纹银出洋数及万两者,一经查获,立即请令正法,枭示海口,以快人心而绝烟源。①

---

① 《道光朝筹办夷务始末》,卷之四,页二~六;《道光朝宫中档》,第〇〇一六九七号;《陶文毅公全集》,卷二十三,页二六~三二。

第五章 结 论

　　从以上的叙述中,我们已把陶澍在江南的政绩,一一展示了。和当时其他的督抚相比,我们可以这样说:这是一个传统知识分子在君主专制政体下,获得政治上最高成就的典型。传统知识分子的优点和缺点,都可以在陶澍身上表现出来。现在我们试加以分析。

　　先说陶澍所以能成功的原因,第一是他品行的端正,清宣宗曾对他说:"朕看汝,人爽直,任事勇敢,故畀以两江重任。"①这是他所以能在政治上获得君心的原因。一个人品行的形成,当然和他的气质有关,但家庭和师友实有更大的影响力。陶澍的家庭,前面已经详述,是一个极重敦品的诗礼之家,此处不拟赘言,惟陶澍的师友中,对他有深切影响者,于此列举二人为例:

　　1. 陆以庄(？~1827),字履康,号平泉,浙江萧山人,嘉庆元年(1796)进士,官至工部尚书,②生平孤介,不妄交游,陶氏乡举时,即出其门下,③曾相与论读书谈艺,肫肫以世道人心为亟,曾叮嘱陶澍:"一

---

① 《清宣宗实录》(五),卷一百七十二,页二一;《陶文毅公全集》,卷四,页四九。
② 《萧山县志稿》,杨士龙等纂,1970年成文影印,卷十八人物列传五,页一八;《国朝耆献类征初编》,卷一一〇,页九~一一。
③ 《国朝贡举年表》,佚名编,1967年文海影印,卷三,页二。

切办公不可苟随流俗,亦不可太事苛细,总以持平为当。"①此语影响陶澍至深。

2. 贺长龄(1785～1848),字耦耕,号西涯,湖南善化人,嘉庆十三年(1808)进士,后官至云贵总督,②他为陶澍诗酒会会友之一,③其经济学问为陶所推服,尝向陶澍说:"接人办事,老实为妙。"④亦对陶氏之行事和为人,影响很大。

除此二人以外,陶澍尚有其他品行端方之士,相互砥砺,不必于此详举。

其次,陶澍之所以能成功,是由于他的学问。清代的年轻人,如果家境尚可温饱,要想在社会上或政治上取得较高的地位,必须先要获得功名,而取得功名,必须要通过考试,考试的内容以八股文最为主要。八股文是一种非常严格的文体,须要长时间的学习和训练,才能参加考试,所以士子们大部分的青春岁月,都消磨在其中,他们很少能再有精力研究其他的学问。还有一部分知识分子则从事于考据之学,这是一种脱离现实社会与国计民生问题的学问。但是国家和社会上存在着许多问题,一定需要有真实的学问才能有办法解决,因此清代后期便有一部分人士研究致用方面的学问,这便是所谓经世之学。陶澍早年可能受到石韫玉的影响。按石韫玉(1756～1837)字执如,号琢堂,江苏吴县人,乾隆五十五年(1790)状元,官至山东按察

---

① 《陶文毅公全集》,卷四十,页二五。
② 传包第九七一号;《续碑传集》,卷二十四,页二～四;《清史列传》,卷三十八,页一～五;《清代七百名人传》,蔡冠洛编,民国二十六年上海世界书局印行,页二七七～二八一;《耐庵奏议存稿》,贺长龄著,1969年文海影印,家传卷首,页一～一七;《唐确慎公集》,唐鉴著,1966年中华书局影印,卷四,页八～十。
③ 《蜀輶日记》,卷一,页一。
④ 《陶文毅公全集》,卷四十一,页九。

使,他曾于乾隆五十七年任湖南学政,①六十年,陶澍入县学,便是受到石氏的识拔,石氏在陶澍的考卷上批道:"清新无半点尘氛气。"②石氏颇长于经世之学,对他有启迪作用,应可想见。

在陶氏友人之中,贺长龄也是研究经世之学的。陶氏本人何时开始从事这一方面的研究,现无法确定。但是从他对于明代张居正的推许,可看出他的经世之志:

> 明至嘉隆时,上怙下嬉,气象荼然,江陵张文忠公起而振之,挈领提纲,综核名实,法肃于庙堂之上,而令行于万里之外,其时海内殷阜,号为乂安,迄今读其奏疏及手牍诸书,洞中窾要,言简而虑周,卓然见之施行,其精神气魄实能斡旋造化,而学识又足以恢之,洵乎旷古之奇才,不仅有明一代所罕觏也。惟是精能之至近乎刻核劳怨不辞,疑于专擅,恶声所蒙,遂至巢倾而卵覆,其亦可哀也已。夫危疑之际,圣贤所难,鸟几如周公,而不免于流言,卒致缺戕破斧而后已,历数百年犹有执仁智未尽以议其后者,世无孔孟,安得有真是非,况江陵地非周公,而欲以天下之重自处于伊尹之任,岂不难哉!王弇洲尝言吾心服江陵之功而不敢言,以众所曹恶也。由是推之,彼曹恶者之心,岂独昧江陵之功哉。特劫于众而相率为违心之谈耳。或题江陵故宅云:"恩怨尽时方论定,封疆危日见才难。"於虖,有旨哉,有旨哉。③

他的文集中,有许多为他人著作所写的序文,由这些文字看来,陶澍的知识范围很广,除传统的经学及诗文以外,于天文、数学、医

---

① 《陶文毅公全集》,卷四十五,页一七~二二;《清史列传》,卷七十二,页五一~五二;《国朝耆献类征初编》,卷一百九十五,页三〇~三四;《清代学者象传》,第三册。
② 《陶文毅公年谱》。
③ 《陶文毅公全集》,卷三十七,页三。

学、地理、历史、声韵等方面都有所涉及。而其中尤以历史和地理为最擅长。后来他在安徽治理淮水时,曾亲临八公山登临形势,在江苏协助河臣决定是否另辟黄河新道时,曾亲自勘察;计划漕粮海运时,曾参考元、明两代海运的航路,实行票法时,也尝考据过前代的成法。这些措施,自然都与其平素留意经世之学有关。

此外,当时有不少研究经世之学的学者,都曾和陶澍有密切的关系,如:

1.魏源(1794～1857)字默深,湖南邵阳人,道光二十五年(1845)进士,是著名的今文学家和经世学者,曾为贺长龄编辑《皇朝经世文编》,著有《古微堂集》及《圣武记》等。①

2.包世臣(1775～1855)字慎伯,安徽泾县人,嘉庆十三年(1808)举人,好经世之学,凡兵、刑、河、漕、盐、财,无不留意,为当时的"名幕",主要著作有《安吴四种》。②

3.周济(1781～1839)字保绪,一字介存,号止庵,江苏荆溪人,嘉庆十一年(1806)进士,与李兆洛、张琦、包世臣等以经世之学相切劘,著有《介存斋文稿》。③

4.姚莹(1785～1853)字石甫,号明叔,安徽桐城人,嘉庆十三年进士,官至广西按察使。于书无所不窥,为学体用兼备,不尚空谈,指陈时事利病,慷慨深切,所交之友,皆以文章经济见推重,著有

---

① 《清代学者象传》,第四册;《魏源年谱》,王家俭著,1967年近代史研究所印行;《国朝先正事略》,卷四十四,页八;《清史列传》,卷六十九,页五二～五三。
② 《清史馆传稿》六七九二(一～七)号;六九四七(一～二七)号;《清史列传》,卷七十三,页二〇～二一;《续碑传集》,卷七十九,页一。
③ 《清国史馆传稿》四四二五(一～一四)号;《续碑传集》,卷七十九,页四～九;《古微室外集》,卷四,页三〇～三一。

《中复堂全集》。①

5.冯桂芬(1809～1874)字林一,又字景庭,江苏吴县人,道光二十年(1840)进士,平生力学砥行,经史而外,天文、舆地、算学、小学、水利、农田,无不精究,尤谙历代掌故,著有《校邠庐抗议》、《显志堂稿》等。②

以上诸人,都曾先后参与陶澍幕府,陶澍在江南之重大兴革,如河工、漕运、海运、票盐法等,都曾和这些人商讨过。

陶澍事业成功之另一因素,是辅助有人,如林则徐即其中最著名者,此外,如:

1.王凤生(1776～1834)字竹屿,江苏江宁人,嘉庆十年(1805)援例以通判试用,为当时能吏,尝佐陶澍改革盐务。③

2.俞德渊(1778～1836)字陶泉,甘肃平罗人,嘉庆二十二年(1817)进士,由庶吉士授江苏荆溪令,有政声,为林则徐、贺长龄所重,荐于陶澍,陶氏改革盐法之能顺利成功,得德渊之力甚多,④俞氏先陶而卒,陶氏曾为之失声,有"丧余右臂"之叹。⑤

此外,尚有一极重要之因素,能使陶氏在宦途上顺利升腾,乃是因为有人予以援引以及支持之故。例如蒋攸铦即为最早识陶而且在

---

① 《清史列传》,卷七十三,页九～一〇;《续碑传集》,卷三十五,页二～七;《中复堂全集》,姚莹著,1974年文海影印,附录、年谱,页二九～三〇;《国朝先正事略》,卷四十三,页四。
② 《清史列传》,卷七十三,页四三～四四;《显志堂集》,冯桂芬著,光绪二年校邠庐刊,家传,页一～二、墓志铭,页一～二。
③ 《清国史馆传稿》四二七七号;《续碑传集》,卷三十四,页一一～一三。
④ 《清史列传》,卷七十六,页九～一〇;《续碑传集》,卷三十四,页一四～一八;《江都县续志》,清谢延庚等修,1970年成文影印,卷十一,页四;《林文忠公全集》,林则徐著,1963年德志出版社影印,《云左山房文钞》,卷二,页一四～一六。
⑤ 《陶文毅公全集》,卷四十九,页一八。

宣宗面前加以揄扬者。又如陶澍开藩皖中时循例觐见，论某官溺职的情形，至于声色俱厉，须髯奋张。宣宗对他起了疑心，密谕皖抚孙尔准察其为人。孙氏密疏荐引，朱批曰"卿不可为其所愚"。孙又再具疏条列善政，力保其无他，陶氏遂获大用。① 另外如孙玉庭于道光二年(1822)密陈管见疏云："臣于校阅安徽、江西两省营伍之便，沿途接见各官绅耆，留心延访年来两司道府，仰荷圣明举直错枉，鲜有贪劣不才者，而安徽藩司陶澍、江西藩司邓廷桢、南昌府知府贺长龄，尤为才识优长，持论公正，皆有根柢，洵堪委任之员。"② 又曹振镛在陶澍改革盐务时，即加以支持赞助。而最重要者还是宣宗本人，他感慨得人之不易：

> 然当今之势，宪章具在，法令森然，若能大法小廉，奉行以实不以文，何患政事不理，百姓不安乎？无如世风日下，人心益浇，官不肯虚心察吏，吏不肯实意恤民，遇事则念及身家，行法不计及久远，朕所惧者在此，所恨者亦在此，欲求一堪膺重寄者，不可多得。③

其得知陶澍才识优越，勇于任事后，乃信任有加。道光十一年三月二十一日(1831.5.2)，因陶澍捕获盗匪、侉、枭，分别惩办，谕称：

> 可见废弛已久，汝系朕特别信用之人，能如此存心，为国宣力，不但汝永承恩泽，朕亦得知人善任之名，当勉之又勉，有加无已，以副朕望。④

---

① 《郎潜纪闻》，卷三，页三；《清稗类钞》，徐珂撰，民国六年上海商务印行，荐举类，页七。
② 《延釐堂集》，孙玉庭著，同治十一年重刊本册三，奏疏卷下，页三六。
③ 《清宣宗实录》(五)，卷一百七十二，页二一；《陶文毅公全集》，卷四，页四九。
④ 《清宣宗实录》(五)，卷一百八十六，页一三。

在君主专制体制之下，一切政策的最后决定权操在君主手中，陶澍既然能得宣宗特达之知，则所有对两江地区的建议和计划，获准实施推行的机会当然很大，此其所以能发抒其抱负的最大原因。

我们虽然从陶澍的品行、学问、师友、得君心等方面来分析其成功的原因，但就陶氏在江南的主要政绩看来，他改革盐法、兴修水利、倡行海运、修缮城垣等都是成功的，甚至缉盗匪、举荒政、兴文教，相信也有某种程度的效果。而在整理财政及吏治方面，似乎收效不大。因为他并未把这方面的病根予以拔除。什么病根呢？那就是清代州县政府财政基础的不健全，州县政府一切的必要支出，如吏役的薪水、办公物品的价购等，皆不在政府规定的经制经费以内，任由州县官在本地自筹，而又没有一定的限制，于是不肖者便多方取之于民，例如田赋、漕粮之浮收，强以官价购买民物等不正常的现象都发生了，这是清代吏治败坏的一个根本原因。陶澍虽然能见到，然而不能拔除，因为这是一个全国性的制度问题，不在他的权限范围以内。他无法向清政府要求为全国的胥吏差役全部付给薪水，亦无法向清政府要求为全国州县的办公物品全部付价。这两个问题不解决，则无法禁止胥吏官差之贪污舞弊，他能致力的仅是两江地区的枝节改革而已。这是陶澍事业成功的限度，在权力上的限度。

另外，对于当时物价的波动，洋艘的私闯口岸，陶澍似乎亦无善策，因为这是新发生的经济问题和外交问题，为传统的经世之学所不及，这是他在知识上的限度。

尽管如此，在陶澍生前和死后，他的行事和观念，还是有其影响力的，他致力于经世之学。他在江苏巡抚任内时，其好友贺长龄为江苏布政使，嘱魏源编成了《皇朝经世文编》。由于陶氏在政治上的成功，无疑地为经世之学树立了一个实验成功的榜样。后来由于时势的需要,经世之学大盛,此可从各种《经世文编》的续编上看出来,我们不能不承认陶澍在这方面的倡道和启迪之功。

以人才言之,他幕府中济济多士,他喜欢奖拔人才,所拔擢奖励的又多是才德学识兼具之士,这一种作法使后起青年引为模范,例如:

1. 林则徐——他的作风,隐然是陶澍第二。

2. 左宗棠——为陶澍回乡省墓时在醴陵所识,陶氏目之为奇才,[①]其后陶卒,左即教澍子桄读书,并以自己的女儿嫁给这位学生,[②]左氏一生景仰陶澍、林则徐,并以继陶、林自许。左氏得志后,为陶及林则徐合建一祠,自撰联句:"三吴颂遗爱,鲸浪初平,治水行盐,如公皆不朽。卅载接音尘,鸿泥偶踏,湘间邗上,今我复重来。"[③]其以陶自继之心,跃然可见。

3. 胡林翼——嘉庆二十四年(1819),陶澍以给事中观察川东道,取道益阳,识胡氏于童龄,以自己之第七女许配给胡,[④]陶总督两江时,林翼遨游于甥馆,受到陶的薰染。其后林翼在湖北抵御太平军,礼贤下士,清代中兴人才江忠源、曾国藩、左宗棠等皆曾受到胡的卵翼,不啻又都是陶澍的化身。

其后曾国藩幕府人才甚盛,恐怕间接也受到陶澍的影响。我们不妨回顾本书前面所引张佩纶评论清季以天下为己任的人物群中,认为陶澍是"黄河之昆仑,大江之岷"。由本书的叙述和分析中,不能不承认张佩纶实在是陶澍的身后知己。

---

① 《左文襄公年谱》,罗正钧编,1967年文海影印,卷一,页一四。
② 《左文襄公全集》,左宗棠撰,1979年文海影印,书牍卷一,页九~一○、二十七;《左文襄公全集》,联语,页五。
③ 《左文襄公在西北》,秦翰才著,民国三十五年上海商务,页九。
④ 《胡文忠公年谱》,梅英杰纂,1968年文海影印,卷一,页五。

附　　录

（一）海运诗篇　　　　　　　　　　　　　　善化贺长龄耦耕

　　只手能回万顷澜，初运将发，中丞祷于海神，故叠遭飓风，人米无损。转输海上得奇观。幸叨此日成功易，元初，海运逾年始达京师，又陆运数百里，劳费甚巨。此番试行，以二月初开洋，月杪抵天津，三月十六日抵通州，仅后东省德州首帮漕艘一日。四月初旬，即有自津回到上海之船受兑，二运米于六月五日全数赴北。谁识当时创议难。后户旁门名论在，明王宗沐以海运为河运旁门，张采譬之后户。云帆秔稻好诗看。由来圣德周无外，鲲浪鲸波处处安。自康熙二十八年开海禁以来，洋氛永靖，贾舶视若坦途，故海运创行不劳而集。

　　借黄往计未全疏，争奈清流已失储。甲申冬，高堰溃溢，运河无来源，当事援往例，借黄以济，因清水一无储蓄，黄遂淤运。空有陈塘资保障，高堰系就汉陈登爱敬塘为之。谁将汉璧奠河渠。转般尚待筹废庼，中丞议奏海河并运，并附片请于袁浦建转般仓，诏缓办。折纳还虞扰里闾。各省初议折漕停运，奉旨不允。何似片帆能直达，天风万里一吹嘘。

　　宵旰畴咨诏屡宣，高堰溃后，运道中梗，屡以漕事诏询各省大吏。抚时能不念艰鲜。竟开创局重溟远，海船出吴淞口，从十溦放洋，为元明海运未经之道。赖有中朝一德贤。此议建于英煦斋协揆，襄平相国赞成之。敢以度支烦国帑，运费皆由外筹办。未须营造待官船。元、明海运船由官造，所费无算。今则雇募上海沙船及浙江蛋船、三不像船，并天津卫船，费省而事捷。海滨快睹千樯集，上年秋间，中丞暨长龄先后驰赴上海招集商舶，即时具承揽者一千有二船，朝北高帆尽似仙。海上谚云："夏至南风高挂天，海船朝北是神仙。"

南北分筹臂指从，穆鹤舫尚书亲驻天津，会同仓场两侍郎督饬直隶、江南各委员，经理收米事宜，体恤周至，商情感戴，故二运尤为踊跃。披章有喜动天容。大府以海运蒇事，奏请奖叙承办各员，均荷俞旨，长龄亦蒙恩甄叙。不分纲运资神力，大府以海船络绎放行，奏请不分两运，而来去皆值顺风，盖有神助。为验苴封重国供。海船起运时，于正载外，另以木桶贮米少许，为样米，抵津时，与所载之米比验无异，方收。此番米质米色，均较常年为胜。大府协心群策集，此事创行办理，一无成式，在北自穆鹤舫尚书以下，在南自琦静庵制府以下，罔不协心宣力，用能妥速告成。圣人举事百灵宗。试行端借朝廷福，莫忘殊恩矢靖恭。

长乐梁章钜芷林

吴淞剪熨碧无澜，盛事千秋敞巨观。圣矩从心征率俾，神通弹指现阿难。精虔白璧升坛荐，游泳黄龙立马看。亲定沧溟道里表，云帆早合计平安。

朱张初计本粗疏，远见何曾到积储。甫就会通先罢役，更摇鼙鼓说别开渠。胜朝拾唾夸牙慧，几辈探源识尾闾。勘破银潢南北贯，往来灵橐互相嘘。

十全局定叠敷宣，嘉许频频诏墨鲜。玉粒到头无变相，珠符应手有群贤。阜通仰赞南薰轸，安稳何殊春水船。讵比张骞徒凿空，浮槎天际诧神仙。

隔省黄头亦景从，放心挂席意春容。如商雇值昭平等，按概量交敢阙供。天语褒逾川得楫，民情欢类水朝宗。近闻翠羽恩荣重，只在仔肩矢敬恭。

侯官林则徐少穆

手障东溟奠紫澜,万樯红粟拥奇观。直从佘澓开洋驶,不似胶莱辟路难。辽海云帆诗意在,吴淞蒻水画图看。旌悬五色天风送,破浪居然衽席安。

当年游垫未全疏,何计能输御廪储。移节独临财赋地,飞刍难恃会通渠。道光乙酉夏,河漕交病,特命公由皖江移节三吴。万言恩信招商舶,公亲临上海,剀切宣谕,即时商船麇至。一粒脂膏轸比闾。精爽感神诚动物,谷王龙伯助吹嘘。

疏草连章快写宣,天书首捧墨痕鲜。公奏海运默邀神佑,请加封号及御书匾额,以答灵庥,均蒙嘉许。祷冰神贶符前事,公视南漕时,有祷冰之应,曾为图以记。运甓家风迈古贤。旗脚香收迷去鸟,沙头帆落认归船。功成合有登临乐,海市诗哦玉局仙。

愧未瀛壖橐笔从,养疴曾荷主恩容。乙酉夏,则徐奉命至河上督催工务,嗣琦制府奏令赴上洋筹办海运,适痁疾大作,未能成行。旋蒙恩允回籍调治。遥闻令肃防中饱,更悯民劳缓正供。公以民力拮据,请将带征灾缓钱漕递缓一年,得旨报可。食货成书垂国史,事成,编纂《海运全案》十二卷。积储大计仗儒宗。八州作督浑闲事,重是循墙矢益恭。

华阳卓秉恬海帆

沧溟壮阔息波澜,申浦频来快远观。念切图成输挽易,事缘创始运筹难。陈谟渥荷朝端采,取径详从画里看。公博综诸书,周咨海路曲折,绘图入奏。任重济川欣奏绩,飞刍仰慰圣心安。

后户旁门计岂疏,吴秔珍重裕仓储。暂寻黑水开新道,好御黄流浚旧渠。常税特蠲矜贾舶,带征并缓恤民间。精诚默吁风师顺,稳送连樯一气嘘。

谊笃同舟力共宣,登台旗飐雨中鲜。躬亲速漕资群彦,擘画搬仓媲昔贤。十溦波恬通海道,千帆雷动指沙船。商情鼓舞欢声起,直达津门望若仙。

送喜飞章荷诏从,翠翎宠锡焕仪容。海运藏事,奏请奖叙各员,均邀俞旨,公蒙恩赏戴花翎。放津迅速操成算,转漕勤劳备正供。建白交推贤宰相,海运之议,建于协揆英煦斋夫子,襄平蒋相国共成之。书丹共仰大儒宗。煌煌纶绋酬神佑,香袅祥云报祀恭。公奏海运默邀神佑,请加封号、匾额,蒙恩俞允,并发藏香,遣员诣各处神庙祀谢,钦奉谕旨一道,公敬书勒石。

新化邓显鹤湘皋

谁教赤手障狂澜,航海千艘得纵观。群议力排天独断,知人善任帝其难。云开岛屿三山远,日丽鱼龙百戏看。纤纩不惊香篆袅,神鸦早已报平安。

夹右浮舟计未疏,转输从古重天储。迫冬屡棋陈登堰,凿险难通郑国渠。民力东南疲挽运,皇仁宵旰悯穷闾。梯航岁赆由来旧,一仗仙风万里嘘。

诏书恻怛几传宣,万舳云屯籽粒鲜。溟漱岂能忘帝力,幽明早已服公贤。公视淮漕祷冰,抚皖祝蝗,皆有奇效。盖公之忠贞,格于幽明久矣。神仓例贮天囷粟,星汉争飞瀚海船。莫讶登瀛吟望久,使君持节本神仙。

长揖军门许过从,海涵地负示优容。敢言借箸筹前席,去岁,公移节江苏,即蒙谆谆以河渠海运事宜下问,走实无能为役。每愧佣田缺正供。作镇公真杜武库,同舟人是郭林宗。谓方伯耦耕先生。行厨何幸依严郑,况托惟桑矢敬恭。

(二)淮北三联大票票根式(壹式叁联)(清《盐法志》,卷一百十三,页二一~二二)

两淮都转盐运使司　为给票照验事。照得淮北引盐。凡湖运及食盐各岸。经两江督盐宪先后奏请改行票盐。听各商贩纳税领票。就场买盐。认岸发卖。钦奉谕旨准行。钦遵檄行在案。所有贩运各商民既经完过税课。合给印票照验。该商贩领票运盐出场。务持此票投应过各卡。验明放行。沿途毋许盐票相离。到岸即将印票呈送该州县衙门缴销。如已过卡加戳。因所指州县盐壅销滞。准其就所在地方呈明转运他岸融售。倘越过各卡不行投验。及越出票盐四十二州县界外售卖者。均以贩私论。各卡暨各州县差役人等如有勒索刁难情弊。并许该商贩执照票禀究。各照遵行。须至票者。

计开

票商　。系　人。于　场　垣运盐　引。计　包　斤。运至　发卖。到岸即将照票呈缴当地衙门销报。应纳税银及盐价经费。均已完讫。

年　月　日

征引书目

一、官书及档案(依书名笔划)

十二朝东华录,蒋良骐、王先谦等纂修,1962,台北文海出版社影印。

大清十朝圣训,1965,文海影印。

大清会典,托津等纂,嘉庆二十三年刊本。

大清会典事例,李鸿章等纂修,宣统元年,上海商务印书馆印行。

江苏海运全案,贺长龄等辑,道光间刊本。

明世宗实录,中研院史语所校勘,1966,该所印行。

皇朝道咸同光奏议,王延熙、王树梅辑,1969,文海影印。

军机处档,故宫博物院藏。

宫中档,故宫博物院藏。

清史,清史编纂委员会,1961,国防研究院印行。

清史稿,赵尔巽等撰,民国十六年,香港文学研究社出版。

清史馆传稿,故宫博物院藏。

清朝续文献通考,刘锦藻撰,民国二十六年,上海商务印书馆印行。

清实录,1964,华文书局影印。

国史馆传稿,故宫博物院藏。

钦定吏部则例,吏部编纂,1966,成文影印。

钦定户部则例,承启、英杰等纂,1968,成文影印。

钦定户部漕运全书,托津等修、福克旌额等纂,1969,成文影印。

钦定礼部则例,长秀等纂,1966,成文影印。

道光朝筹办夷务始末,文庆等纂,1971,文海影印。

传包,故宫博物院藏。

二、资料选辑

中国近代货币史资料,佚名辑,1974,文海影印。

列强侵略,1964,《文献》编纂委员会编印。

近代中国外交史资料辑要上卷,蒋廷黻编,1958,台北商务印行。

清代外交史料(嘉庆朝、道光朝),故宫博物院辑,1968,成文影印。

清盐法志,张茂炯等编,民国九年,盐务署铅印本。

国朝掌故辑要,林熙春辑,1970,华文影印。

达衷集,许地山编,1974,文海影印。

三、方志

江西通志,赵之谦等纂,1967,华文影印。

江都县续志,谢延庚等修、刘寿增等纂,1970,成文影印。

安徽通志,何绍基等纂,1967,华文影印。

同治徐州府志,朱炘等修、刘庠等纂,1970,成文影印。

青浦县志,陈其元等修、熊其英等纂,1970,成文影印。

邳州志，董用威等修、鲁一同纂，1970，成文影印。

重修华亭县志，杨开第修、姚光发等纂，1970，成文影印。

云台新志，徐乔林纂辑，1968，成文影印。

湖南通志，曾国荃等撰，1967，华文影印。

娄县续志，汪坤厚修、张云望纂，1974，成文影印。

苏州府志，李铭皖等修、冯桂芬等纂，1970，成文影印。

萧山县志稿，张宗海等修、杨士龙等纂，1970，成文影印。

续纂江宁府志，蒋启勋等修、汪士铎等纂，1970，成文影印。

续纂扬州府志，英杰等修、晏端书等纂，1970，成文影印。

四、文集

（一）专集

小岘山人文集，秦瀛著，嘉庆二十二年，域西草堂藏校刊本。

小万卷斋文稿，朱珔著，光绪十一年重刊本。

中复堂全集，姚莹著，1974，文海影印。

左文襄公全集，左宗棠撰，1979，文海影印。

古微堂外集，魏源著，1969，文海影印。

安吴四种，包世臣撰，1968，文海影印。

林文忠公全集，林则徐著，1963，德志出版社影印。

林文忠公政书，林则徐著，1967，文海影印。

延釐堂集，孙玉庭著，同治十一年重刊本。

耐庵奏议存稿，贺长龄著，1969，文海影印。

海运诗编，陶澍著，道光间刊本。

唐确慎公集，唐鉴著，1966，中华书局影印。

陶士升先生莼江文录（在《国朝文录》第二十八册，李祖陶辑，道光十九年,瑞州府凤仪书院刊本),陶必铨撰。

陶文毅公全集,陶澍著,许乔林编,1968,文海影印。

景紫堂文集,夏炘著,1973,文海影印。

闻妙香轩遗集,胡达源撰,光绪六年刊本。

绿野斋前后合集,刘鸿翱撰,道光二十四年刊本。

寒香馆文钞,贺熙龄撰,道光二十七年刊本。

显志堂集,冯桂芬著,光绪二年校邠庐刊。

(二)总集

皇明经世文编,陈子龙等编,1964,国联图书出版公司影印。

皇朝经世文编,贺长龄编,1972,文海影印。

皇朝经世文续编,葛士浚辑,1973,文海影印。

五、年谱、日记、传记、题名录

左文襄公年谱,罗正钧编,1967,文海影印。

林文忠公年谱,魏应祺编,民国二十四年,上海商务印行。

胡文忠公年谱,梅英杰纂,1968,文海影印。

陶文毅公年谱,王焕镳撰,民国三十七年油印本。

清史列传,中华书局编,1962,该局印行。

清代七百名人传,蔡冠洛编,民国二十六年,上海世界书局印行。

清代河臣传,汪胡桢、吴慰祖编,民国二十六年,中国水利工程学会印行。

清代学者象传,叶兰台著,民国十九年,上海商务印行。

国朝先正事略,李元度著,1967,文海影印。

国朝耆献类征初编,李桓编,光绪十七年刊行。

蜀輶日记,陶澍撰,1969,台北学海出版社影印。

涧于日记,张佩纶著,丰润涧于州堂张氏石影。

碑传集,钱仪吉撰,光绪十九年,江苏书局刊行。

增校清朝进士题名碑录,房兆楹、杜联喆合编,1966,成文影印。

魏源年谱,王家俭著,1967,近代史研究所印行。

续碑传集,缪荃孙撰,宣统二年,江楚编译书局刊行。

六、笔记

水窗春呓,欧阳兆熊、金安清著,谢兴尧点校,1984,北京中华书局印行。

北东园笔录初、续、三、四编,梁恭辰撰,1962,新兴书局影印笔记小说大观本。

金壶七墨全集,黄钧宰著,1969,文海影印。

郎潜纪闻,陈康祺撰,1970,文海影印。

庸闲斋笔记,陈其元撰,1972,新兴书局影印笔记小说大观本。

清秘述闻续,法式善编,钱惟福校,1967,文海影印。

清稗类钞,徐珂撰,民国六年,上海商务印行。

熙朝纪政,王庆云著,光绪二十八年,同文仁记石印。

履园丛话,钱泳著,1972,新兴书局影印笔记小说大观本。

七、专著(依编著者姓氏笔划排)

(一)清人著作

王守基,盐法议略,光绪十二年,刊于粤东。

佚名编,国朝贡举年表,1967年,文海影印。

周锡,盐法刍议,宣统二年排印本。

许宝书,淮北票盐续略,同治九年刊本。

童濂,淮北票盐志略,道光二十五年刊本。

刘铖,淮北票盐再续略志余,光绪二十八年活字本。

魏源,淮北票盐记,载于《淮北票盐志略》正文前。

(二)近人著作

①专书

内藤乾吉,六部成语注解,1962,大安株式会社发行。

佐伯富,清代盐政の研究,1956,京都大学东洋史研究会印行。

徐泓,清代两淮盐场的研究,1972,嘉新水泥公司文化基金会出版。

郭廷以,近代中国史(合订本),1971,商务印行。

郭廷以,中国近代史事日志,1963,作者印行。

秦翰才,左文襄公在西北,民国三十五年,上海商务印行。

张哲郎,清代的漕运,1969,嘉新水泥公司文化基金会印行。

②论文

Wang Yeh-Chien *Land Taxation in Imperial China*, 1750—1911 (Harvard University Press, Cambridge Massachusetts, 1973).

王树槐,"鸦片毒害——光绪二十三年问卷调查分析",近代史研究所集刊,第九期。

林满红,"清末本国鸦片之替代进口鸦片",近代史研究所集刊,第九期。

铃木中正,"清末の财政と官僚の性格",近代中国研究,第二辑。

刘隽,"道光朝废引改票始末",中国近代经济史研究集刊,第一卷二期。

索 引

三 划
马慧裕　22,24

四 划
包世臣　107,119,196
邓廷桢　167,174,188,189,197
王鼎　99
王凤生　107,197

五 划
冯桂芬　197
石韫玉　161,194
申启贤　5,191
左宗棠　2,200

六 划
百春　93
百龄　25,26,27,41,45,157
达庆　15
纪昀　5

孙尔准　61,63,171,198
孙玉庭　18,29,35,41,45,79,80,198
先福　16,40
阮元　77
朱士彦　5,141

七 划
阿林保　40,42
阿克当阿　17,26,33
陈銮　75,170,189
陈大文　21,43
陈凤翔　23,24,25,28
初彭龄　13,41
余廷灿　4
李宗昉　5
李鸿宾　16,182,183
陆以庄　5,193

那彦成　22,24

邱树棠　5

吴椿　5

吴璥　16,21,22,23,24,26,28

吴光悦　99,174

汪志伊　33,40

严烺　79,80

张井　123,124

张师诚　37,39,43,79,159,182,183

张佩纶　2,200

张诚基　13,38,42

八　划

宝兴　99,189

林则徐　143,144,161,178,188,197,200

罗典　4

松筠　22,23,26,77

岳起　12,15

宜兴　15,36

英和　80,117,181

卓秉恬　5,100,203

周济　107,196

九　划

费淳　16,38,43,54

贺长龄　2,83,160,189,194,195,196,197,198,199

胡克家　13,39,41

胡林翼　2,200

姚秋农(文田)　59

姚莹　107,120196

俞德渊　67,83,107,197

十　划

顾莼　5,99

铁保　15,21,22,37,39,42,43

徐端　21,22,23,24,26,28

十一划

曹振镛　117,198

龚守正　5

黄冕　161,165

康基田　20,27,39

勒保　42,77

梁章钜　5,160,173,177,190

章煦　77

十二划

程祖洛　81

富纲　15

蒋攸铦　9,10,28,41,77,186,197

琦善　37,80,81,83,84,132,

182,183,189

童濂　112

曾国藩　2,200

十三划

董桂敷　176

董教增　13,186

嵩孚　40,180,182,183

十五划

瑞弼　19

黎世序　25,26,27,28,29

颜检　40,79,80

十六划

穆彰阿　83,93,123

十七划

戴均元　5,17,21,24,28

十八划

魏源　81,107,119,120,196,199

魏元煜　14,79,80,181